장사를 했으면
이익을 내라

손님이 줄 서는 가게 사장들의 돈 버는 비밀

장사를 했으면 이익을 내라

|손봉석 지음|

프롤로그

"나는 5억을 투자한 장사의 노예다"

아이들과 저녁에 산책을 하러 갔다가 근처에 있는 편의점에 들렀다. 보통 편의점에는 아르바이트 학생이 일하는 경우가 많은데 그 편의점에는 중년 남성이 홀로 계산대를 지키고 있었다. 사장님이 직접 편의점을 운영하고 있는 것이었다. 요즘 경기가 어떠냐고 물었더니 세무서에서 나온 사람인 줄 알고 처음에 경계를 하는 듯했다. 그러나 내 손을 주렁주렁 잡고 있는 네 명이나 되는 아이들을 보더니 세무서 조사관은 아니라는 확신이 들었는지 금세 마음을 놓고 대답해주었다.

자신의 편의점은 중국 관광객이 많아 그래도 좀 나은 편이라고 했다. 그리고 2013년 남양유업 사태 이후에는 위약금도 없어지고 편의점 본사에서도 조심스럽게 대하는 쪽으로 바뀌고 있어

분위기는 나쁘지 않다고 했다. 보통 편의점은 아르바이트 학생을 쓰지만 사장님은 부부끼리 12시간씩 교대로 일을 한단다. 내가 회계 컨설팅을 하는 고객들 중에도 편의점을 운영하시는 분이 있어서 편의점의 마진이 그다지 크지 않다는 것을 알고 있었다. 나는 물었다.

"아르바이트생을 써서 편의점을 여러 개 운영하면 돈을 좀 벌 수 있지 않나요."

사장님은 웃으면서 말했다.

"제 동생은 편의점을 여러 개 운영하고 있는데요, 옆에서 보니 아르바이트생 구하기가 너무 힘들더라고요. 교대할 아르바이트생이 늦게 오는 경우도 있고, 말도 없이 그만두기도 합니다. 특히 명절날 같은 때에는 아예 아르바이트생 구하는 것은 포기해야 합니다. 편의점이 여러 개면 아르바이트생을 구할 수 없을 때 아예 대안이 없습니다. 저희는 편의점을 하나밖에 운영하지 않으니 아르바이트생을 쓰지 않아도 아내와 2교대로 운영할 수 있어요. 돈은 크게 못 벌어도 속은 편해요."

말하면서 과거의 기억이 떠올랐는지 그는 눈시울을 붉히더니 다시 이야기를 시작했다.

사장님도 과거에는 꽤 큰 식당을 운영했다고 한다. 한 달 순이익만 수천만 원에 달할 정도였다. 그런데 경마장에 드나들면서 통장에 있던 돈을 다 날린 것이다. 정신을 차리고 보니 할 수 있는 일이 없어 편의점을 시작했다. 편의점 일을 계산해보면 겨우 한 달에 100만 원 정도밖에 안 남는, 무늬만 사장이었다. 힘들게 벌어서 모조리 본사에 갖다 바치는 기분이지만, 그래도 적은 투자비와 무경험으로도 할 수 있는 몇 안 되는 장사 중 하나라는 것으로 위안을 삼고 있었다. 그는 가게를 접고 싶어도 장사를 하면서 낸 빚이 발목을 잡고 있어서 누가 늦게 망하느냐의 게임을 하는 것 같다고 이야기했다.

지인 중에 국내 굴지의 유통회사에서 영업본부장까지 지내다가 자기 사업을 시작한 사장님이 있다. 상당히 오랫동안 그를 보아왔는데 10년 전이나 지금이나 항상 열정이 넘친다. 조금 안정되었다 싶으면 다시 신규사업을 확장해 매년 높은 성장률을 만들어낸다. 그의 사업은 이미 자영업 수준을 넘어 엄연한 사업체 규모로 커나가고 있는데도 여전히 초심을 그대로 가지고 있다. 그는 신규사업을 위해 새벽부터 저녁까지는 물론이고, 주말에도 항상 일하고 있었다.

사장님은 지나가는 말로 "이게 사는 게 아니지"라고 할 정도로 바빴다. 회사 규모로만 보면 자영업으로 크게 성공했다고 볼 수 있지만 그 대가로 자신의 모든 것을 내놓아야 했다.

장사는 직장에서의 근무 강도와 비교조차 되지 않는다. 직장인은 가끔씩 월화수목금금금이지만 사장이 되면 매주 월화수목금금금이다. 직장인은 퇴근하면 회사를 잊어버릴 수 있지만 사장은 절대 가게 일을 잊지 못한다. 쉴 때도 가게를 생각하고 꿈에서도 가게 일을 떠올린다. 퇴직금도 없을뿐더러 장사의 미래는 불확실하다. 직장인이 회사에서 구조조정을 당할 위험보다 장사가 망할지도 모른다는 불안과 스트레스가 더 심하다. 그래서 직장에 다닐 때보다 몇 배는 더 벌어야 수지가 맞는 것이다. 직장에 다니면 아무리 힘들어도 경기와 상관없이 월급은 받지만 장사는 경기에 따라 들어오는 돈이 다르고 월급날이 되면 무조건 돈은 나가야 한다. 사장은 월급날이 돌아오면 회사 옥상 난간에 서서 아무 미련 없이 뛰어내리고 싶은 유혹에 시달리기도 한다. 사장 자리가 근사해 보일지 몰라도 실제로는 청소부터 택배 일까지 직원들이 하지 않으려는 일까지 모두 관리해야 한다. 직원들도 가끔씩은 이런 일을 하러 내가 회사에 들어왔나 싶은 생각이 들 때가 있지만, 사장은 이 일을 하려고 내가 장사를 시작했나 하는 생각을 거의 매일 한다.

　그래도 이 사장님은 업계 1위라는 자부심으로 모든 고난을 이겨내고 있었다. 어느 날이었다. 나는 사장님에게 이익이 얼마나 남느냐고 물었고 내 질문에 그의 어깨는 바람이 빠져나가듯 축 늘어졌다. 대부분의 사장들은 매출 말고 이익이 얼마나 남느냐는 질문을 하거나 통장을 보자고 하면 그제야 아무에게도 털어놓지 못한 속마음을 보여주곤 한다. 통장 잔고는 텅텅 비어 있기 때문이다.

매출이 적은 회사는 영업을 해서 고객을 늘려야 한다. 그래서 매출도 없는 회사에 숫자만 신경 쓰는 사장이 있으면 나는 영업부터 하고 오라고 말한다. 그런데 고객이 늘어나면 정말 이익이 늘어날까? 그럴 수도 있고 그렇지 않을 수도 있다. 고객이 늘면 매출은 늘지만 숫자를 관리하지 않으면 이익은 늘지 않는다. 매출이 어느 정도 되는데도 통장 잔고가 없는 사업체는 숫자를 제대로 관리하지 않는다는 공통점이 있다.

이 사장님이 바로 그랬다. 매출은 충분했지만 통장 잔고는 숨기고 싶을 만큼 비어 있었다. 숫자를 관리해야 할 상황인 것이다.

사장님은 자신을 5억 원을 투자한 장사의 노예라고 표현했다. 직원들은 자신이 그만두고 싶으면 그만둘 수 있지만 사장은 그만둘 수 있는 선택권도 없다는 것이다. 남들에게는 매출이 얼마나 늘었고 직원 수가 얼마나 많아졌는지를 자랑하지만 통장을 보면 항상 한숨이 나왔다.

나는 나보다 돈을 많이 버는 사람들을 많이 보아왔다. 그러나 아직까지 나보다 행복을 느끼며 사는 사람은 보지 못했다. 나 또한 작은 회사를 운영하지만 저녁과 주말은 항상 가족과 지내는 것을 원칙으로 하고 또 그렇게 살아왔다.

1년에 한 달은 가족과 여행을 떠나 삶을 즐긴다. 매일 운동을 하고 내가 읽고 싶은 책을 마음껏 읽는다. 행복은 주관적이라서 무작정 비교할 수는 없지만, 나는 일이 하고 싶으면 일하고 하고 싶지 않을 때는 안 할 수 있는 자유가 있다. 사실 그것을 가능하게 해주는 것은 삶에 대한 신념도 있지만 통장 잔고가 뒷받침이 되기 때문이다.

나도 장사의 노예였던 시절이 있었다. 하루 종일 일에 미쳐 거의 매일을 새벽에 귀가하면서도 회사를 키워가는 것을 자랑으로 삼았었다. 밖에서는 '잘나간다'고 부러워했고, 나도 그런 말을 들으면 어깨가 펴졌다. 그러나 항상 텅 빈 통장 잔고를 보면서 누구에게 말도 못하고 혼자서만 창피해했다.

이 책의 목적은 24시간 365일 가게에 손발이 묶여 있는 사장님들에게 오랫동안 소기업과 자영업자를 컨설팅해왔던 나의 경험과 그들의 다양한 사례를 공유하여 좀 더 행복하게 여유로운 장사를 할 수 있도록 하는 것이다. 큰 가게를 운영하든 작은 가게를 운영하든 매출과 규모의 허상에서 벗어나야 한다. 장사를 시작한 모든 이들이 이익을 내고 통장 잔고를 쌓아 경제적인 자유를 얻게 하고 싶다. 내가 이 책에서 바라는 것은 장사를 하는 사람들이 장사의 노예라는 신세에서 벗어났으면 하는 것이다.

프랑스 표현 중에 "사브와르 비브르(Savioir Vivre)"라는 말이 있다. '삶을 삶답게 산다'라는 의미로, 삶을 즐기며 살라는 뜻이다. 내가 참 좋아하는 말이고 항상 실천하려고 하는 모토다. 나에게는 삶을 삶답게 살도록 만들어주는 예림, 현빈, 채니, 겸 그리고 우리 가족의 생활을 책임지는 아내가 있다.

나는 가족과 함께하는 것이 삶이고 행복이다. 이들은 내가 일의 노예가 되지 않고 자유를 즐기게 해준다. 나뿐만 아니라 이 책을 읽는 분들 모두 삶을 삶답게 살 수 있기를 기대한다.

— 손봉석

차례

프롤로그 _"나는 5억 원을 투자한 장사의 노예다"_ • 5

제1장
숫자를 좋아하는 장사꾼이 성공한다

기회비용 숫자를 모르고 장사를 할 수는 없다 • 19 | 장사에 필요한 네 가지 숫자 • 26 | 그렇다면, 얼마나 벌어야 하는가 • 31

재무제표 많이 벌어도 돈이 모이지 않는 이유는? • 36 | 큰 가게든 작은 가게든 매출이 아니라 이익이 목표다 • 42

제2장

돈 없이 장사해야 돈을 번다

손익분기점과 감가상각 투자규모는 얼마나 되어야 하는가? • 51 | 투자금, 언제 회수할 수 있을까? • 54 | 앞으로 벌고 뒤로 밑지지 않으려면 감가상각비부터 회수하라 • 64

시간투자 돈보다 시간을 투자하라 • 68 | 돈 없이 장사하는 박물관 • 73 | 책 한 권 사지 않고 문을 연 도서관 • 79 | 아이디어만으로 문제를 해결한 가게 • 82

레버리지 우리는 배달의 민족? • 86 | 돈이 있어도 대출을 받는 이유 • 92 | 동업은 손실 뿐 아니라 이익도 나눈다 • 96

제3장

숫자는 우리가 무엇을 팔고 있는지를 알려준다

자산과 비용 큰 숫자를 보면 업의 본질이 보인다 • 105 | 카페는 커피를 파는 곳이 아니다 • 109 | 손님이 없어도 망하지 않는 가게 • 113

현금경영 이익이 나는데도 통장이 마이너스인 이유 • 121 | 외상 거래 안 합니다 • 124

제4장

장사를 했으면 이익을 내라

투자수익률과 회전율 이익을 내는 장사 노하우 • 131 | 일부러 손님을 줄 세우는 가게 • 136 | 기다리는 손님을 즐겁게 하라 • 142 | 카페에서 과제하는 학생들을 내쫓는 법 • 146

원가와 비용절감 점심특선 메뉴 가격의 비밀 • 152 | 시장 상인이 의사보다 부자인 이유 • 157 | 변호사가 지방으로 내려오는 이유 • 163 | 돈 버는 것은 수입이 아니라 지출의 문제다 • 166 | 잘되는 가게는 손님이 일한다 • 171

제5장

매출은 손님이 가져오지만 이익은 회계가 가져온다

성장과 안정 잘나가는 가게에 돈이 없는 이유 • 177 | 매출이 늘 때 조심하라 • 181 | 고만고만한 놈 여러 개보다 똑똑한 놈 하나가 낫다 • 184 | 길거리 감귤장사가 돈을 버는 법 • 189 | 본업에 숟가락 하나 더 얹어라 • 192

가격과 가치 손님이 돈을 쓰고 싶게 만들어라 • 198 | 스토리를 볶으면 가격이 올라간다 • 207 | 메뉴의 가격을 올리는 법 • 210 | 두 마리 치킨 가격의 비밀 • 217 | 터무니없는 가격을 표시해놓은 이유는? • 221

제6장

장사의 끝내기는
세금을 낸 후 손에 잡히는 돈이다

부가가치세와 소득세   작은 가게는 세무조사를 하지 않는다? • 229 | 세금을 낸 후의 통장 잔고가 진짜 장사다 • 234 | 재산이 많아도 세금은 적다? • 237

절세원리와 세금관리   세금을 줄이기 위해 이혼하는 커플들 • 240 | 세금을 제대로 내는 것이 절세다 • 245

에필로그_ 월 순이익 500만 원이 안 되면 장사하지 마라 • 252

제1장

숫자를 좋아하는 장사꾼이 성공한다

기회비용

숫자를 모르고 장사를 할 수는 없다

대부분의 사람들이 돈 관리, 즉 회계를 너무 모르는 상태에서 장사를 시작한다. 회계는 회계사한테 맡기거나 경리직원을 두면 된다고 생각하는 것이다. 그러나 회계사나 경리직원이 아무리 회계를 사장보다 잘 안다고 해도 그들이 사장보다 더 사업체를 위하며 일하지는 못한다. 또한 회계사가 직접적으로 가게의 이익을 올려준다거나 돈을 모아주는 것은 아니다. 회계사가 사장보다 회계나 세금에 대해 잘 알아도 해당 사업에 대해서는 더 모를 수 있다. 장사하는 사람들이 회계사나 세무사와 거래하는 이유는 대부분 세무신고 때문이다.

게다가 사장들은 회계사무소에 기장(장부 작성)을 맡기면 돈 관리를 모두 다 해줘야 하는 게 아닌가 하고 생각하지만 이것은 마치 직원 한 명을 뽑아놓고 영업부터 생산까지 다 맡으라는 것처럼 무리한 요구다. 보통 세무신고를 맡기고 지급하는 기장 수수료는 세무신고를 위한 기장에 대한 수수료지 가게에 돈을 벌어줄 방법의 전수가 포함된 것은 아니다. 경리직원도 장부를 만드는 업무를 할 뿐 실제 장사에 도움을 주는 정보를 주거나 자료를 만들어내지 못하는 것이 현실이다.

비록 장부정리가 돈을 벌어다 주지는 않지만 앞으로 남고 뒤로 밑지는 허튼 장사를 하는 것은 확실히 막아준다. 결국 장사는 사장이 직접 자신의 경영을 숫자로 따져보고 판단해야 한다.
돈을 벌려면 돈의 언어인 회계부터 알아야 하는 것은 정말 당연하다. 대부분 성공한 장사꾼의 공통점은 숫자를 좋아한다는 것이다.

나는 실제로 장사하는 사람들을 만나면 그가 돈을 많이 벌었는지 아닌지를 금방 알아챈다. 특별한 비결이 있는 것은 아니다. 단지 숫자를 물어보면 된다.
"자금은 얼마나 들었나요?"

"물건 한 개당 얼마에 파시나요?"
"한 개의 원가는 얼마인가요?"
"그럼 일 년에 몇 개를 팔 수 있나요?"
"관리비를 빼면 일 년에 이익은 어느 정도나 나요?"
"투자금 회수는 언제쯤 되나요?"
"투자수익률은 몇 퍼센트나 되나요?"

이 정도만 물어도 돈을 제대로 벌고 있는 사람들은 대답을 척척하지만 그렇지 않은 사람들은 "이쪽이 애매한 것이 많아서 정확히 계산하기 힘들어요"라든가 "아직 따져보지 않아서……"와 비슷한 대답으로 얼버무린다. 숫자를 제대로 기록할 수 없다면 사업에 대해 여전히 잘 모르고 있다는 것이다. 불행히도 장사하는 사람들의 90퍼센트 이상이 후자에 해당한다. 그래서 자영업자들의 대부분이 크게 성공하지 못한다. 장사에서의 성공은 매출이 많고 적고의 문제가 아니라 돈의 언어인 회계를 얼마나 알고 있느냐의 문제다.

장사를 하는 데 공통적으로 적용되는 것은 숫자다. 왜냐하면 회계는 장사를 숫자라는 언어로 바꿔놓은 것이고, 돈의 흐름을 그대로 나타내기 때문이다. 회계를 이해하지 못하고 장사를 하는 것은 돈을 벌 수 있는 도구가 없는 것과 같다.

장사를 처음 시작한 사람들은 이구동성으로 이렇게 말한다.

"장사가 이렇게 어려운지 처음 알았습니다."

"자식에게는 절대 장사 안 시킬 거예요."

사실 아무런 경험이 없기 때문에 실패하는 것 또한 자연스러운 일이다. 그래서 장사를 시작할 때는 자신이 잘하는 것이 무엇인지 알고 이를 장사와 연관짓는 것이 가장 중요하다.

장사를 하려는 사람들이 가장 먼저 고려하는 것이 바로 상권인데, 그래서 가장 빈번하게 하는 실수가 '이 주변에는 이런 가게가 없으니 여기에서 장사를 하면 될 것 같다'라는 안이한 생각을 갖는 것이다. 이런 가게가 없기 때문에 장사가 잘될 수도 있지만 장사가 안되기 때문에 이런 가게가 없을 수도 있다. 장사를 하려는 구역에 '없는' 분야를 찾는 것보다는 '내가 잘하는 것으로 장사를 한다'는 개념으로 시작해야 한다. 동네에 국수가게가 없기 때문에 국수가게를 하겠다는 것이 아니라 내가 국수를 기가 막히게 만드는 노하우가 있거나 그와 관련된 일을 오랫동안 해왔기 때문에 국수가게를 하겠다고 해야 성공 확률이 높아진다.

고기 전문점을 시작한다고 해보자. 식당에서 한 번도 일해보지 않은 사람이 식당을 운영하겠다면 실패 확률이 100퍼센트다. 내 개인적인 의견으로 창업을 하려면 큰 회사에서 10년 이상 경험을 쌓은 후 시작해야 안전하다. 큰 회사를 경험한다는 것은 확실히 성공한 노하우를 배운다는 것이며, 이런 실무를 10년 이상 해봤다면 불경기와 호경기를 모두 겪었을 것이기 때문에 대처 방법을 안다는 뜻이다.

경기가 좋을 때는 누구나 잘한다. 문제는 경기가 안 좋을 때다. 경험이 없는 사람들은 불경기로 매출이 감소하면 경기 탓을 한다. 그래서 아이템 선택이 중요하다. 처음에 장사를 시작할 때도 물론 중요하지만 앞으로 가게를 성장시키려고 할 때 이는 더욱 중요한 관건이 된다.

하지만 아이템보다 중요한 것이 숫자다. 나는 대학생을 대상으로 회계 수업을 한 적이 있었다. 그중 한 대학생 그룹이 '불끈이'와 '쌔끈이'라는 빵의 유통사업을 구상했다. 한 학생이 제주도에 있는 성(性)을 테마로 하는 러브랜드에서 이 빵을 발견하고 이것을 대량 판매할 계획을 세운 것이다. 재미있는 빵 이름과 호기심을 자극하는 빵의 모양새에 학생들은 대박을 터트릴 거라고 확신했다. 그러나 그들은 시작도 해보지 못하고 주저앉았다. 유통기한이 문제였다. 빵을 배송하기 위해서는 2~3일 정도의 시간과 비용이 필요한데 유통기한이 너무 짧아 배송 자체가 불가능했고 학생들은 이 문제를 해결할 수가 없었다. 제품만 보고 시작했다가 얼마 되지 않아 바로 포기한 것은 장사를 시작할 때 제품만 보고 숫자는 보지 않은 탓이다.

어떤 학생들은 제주지역의 특산물인 우도땅콩을 팔았다. 1차로 가져온 물건이 너무 잘 팔려서 완판을 했고, 추가로 우도땅콩을 주문했는데 2차 완판을 했다고 자랑했다. 나는 학생들에게 이익이 얼마 정도 났는지 물었다. 그들은 내가 질문을 하고 나서야 부랴부랴 이익을 계산했는데 3달 동안 6만 5000원의 이익을 냈다고 했다. 6명이 3달 동안 투자한 시간을 계산해보니 대략 30시간이었다. 이를 최저 임금으로만 계산해도 인건비가 15만 원은 나왔다. 그런데 학생들은 원재료비를 사는 데 투자한 돈 30만 원만 생각하고 이익 6만 5000원이 발생했다고 판단한 것이다. 인건비를 빼고 계산해야 제대로 된 이익이라는 것을 알려주었더니 학생들은 그제야 장사에서 손실이 발생했다는 것을 깨달았다. 이 학생들이 장사를 하는 데 부족했던 것은 무엇일까? 역시 제품만 생각하고 숫자를 따져보지 않은 것이었다. 그들은 숫자로 무엇을 따져야 하는지조차 모르고 있었다. 그런데 이 학생들만 이런 실수를 저지르는 것은 아니다. 대부분 장사를 하는 사람들이 이와 같은 실수를 하곤 한다. 자신이 팔려고 하는 물건의 배후에 숨겨진 숫자가 무엇인지 제대로 아는 경우가 별로 없다. 또 재고자산의 개념이 왜 중요하고 유통에 대한 이해가 얼마나 중요한

지 모른다. 그리고 장사를 하고도 자신이 이익을 본 것인지 손해를 본 것인지를 제대로 판단하지 못한다.

어떤 사장님은 매월 적자였다가 한 달 흑자를 보았는데 그 원인을 꼼꼼히 살펴보니 아르바이트생 한 명을 내보낸 만큼만 이익을 보았다는 사실을 알았다고 했다. 참 속상한 현실이지만 숫자를 모르면 이처럼 인건비를 줄이고 얻은 이익을 장사를 잘해서 얻은 이익으로 착각할 수도 있다.

기회비용

장사에 필요한
네 가지 숫자

사업계획서를 작성하는 이유는 투자자로부터 자금지원을 받기 위해서이므로 필요한 자본금이 얼마이고 자금을 어디에, 어떻게 투자할 것인지에 대한 내용이 있어야 한다. 그러나 무엇보다 투자자는 돈을 회수하는 것이 목적이므로 장사로 인해 예상되는 수익금은 얼마이며 투자금을 어떻게 돌려줄 것인지를 그들에게 명확하게 보여줘야 한다.

보통 사업계획서는 은행이나 다른 사람한테 돈을 빌릴 때 필요하다고 생각하지만 자기 자본만으로 장사를 하는 사람이라도 사업계획서는 반드시 필요하다. 사업계획서의 작성은 장사를 통해 자기 자신에게 어떻게 이익을 돌려줄 것인지에 대한 계획을 스스로에게 이해시키고 설득하는 과정이기 때문이다. 어떻게 보면 사업계획서는 남에게 보여주기보다는 자신을 위한 일이다. 사업계획서를 쓸 때 가장 중요한 부분은 '무엇을 누구에게 얼마에 팔 것인가?' '원가는 얼마이고 이익은 어느 정도인가?' '자금조달은 어떻게 할 것인가?' '투자와 회수는 어떻게 할 것인가?' 이 네 가지 질문이며 이를 분석해야 한다. 즉 장사를 하는 데 가장 필요한 것은 네 가지로 요약하면 매출, 이익, 자금조달, 투자금 회수다.

장사를 하기 위해서는 먼저 매출을 추정해야 한다.

예를 들어 돼지고기 전문점을 시작한다면 돼지고기를 1년에 얼마나 팔 수 있고 매년 얼마나 더 성장할 수 있을지를 분석해야 한다. 그러기 위해서는 시장규모를 먼저 봐야 할 것이다. 시장규모는 전국이나 전 세계적인 시장규모보다는 장사하는 사람들에게 필요한 규모 정도면 된다. 음식점이라면 가게가 위치한 지역의 유동인구가 몇 명이고 앞으로 손님이 늘어날 잠재력은 얼마나 되는지, 경쟁 음식점은 얼마나 되는지, 가격은 얼마로 정하고, 경쟁자에 비해서 품질이나 가격 면에서 유리한 점은 무엇이고 불리한 점은 무엇인지 등을 분석해야 한다. 매출에는 이런 근거가 있어야 하며 이러한 분석 없이 매출을 추정하는 것은 허상에 불과하다. 장사를 시작하는 사람들의 준비 과정을 종종 보면 자기 가게에서 무엇이 강점이고 기회인지에 대한 분석이나 시장 분석은 곧잘 하는데 이것이 매출 추정과 따로 떨어져 노는 경우가 많다. 시장을 분석했다면 이런 분석 자료가 매출 추정에 어떻게 연결되며 실제로 매출이 얼마나 될지 판단해야 한다.

둘째로 이 정도 팔면 얼마나 이익을 얻을 수 있을지 계산해봐야 한다.

돼지고기를 팔아서 추정한 매출을 올리는 데 어느 정도의 원가가 들어가고 판매비와 관리비가 들어가는지 추정해야 한다. 여기서 원가는 제품인 돼지고기에 관련된 재료값과 인건비, 그리고 기타 돼지고기 음식을 만드는 데 들어간 제조경비 등이 포함되어야 한다. 또한 판매와 관련된 비용, 즉 인건비, 광고비, 임차료 등도 계산해야 한다. 매출이 늘어나면 당연히 이런 비용들이 늘어나므로 향후 5년 정도의 수익과 비용, 이익을 따져봐야 한다. 다른 가게의 자료도 조사하여 실제 돼지고기 전문점을 하는 음식점들의 매출액 대비 원가와 판관비(판매와 관리, 유지에서 발생하는 비용. 여기에는 급여와 복리후생비, 임차료와 접대비 등이 포함된다) 비율이 몇 퍼센트인지, 그리고 직접 계산한 비율과 차이가 발생한다면 그 이유가 무엇인지 분석해야 산정한 숫자에 신뢰를 가질 수 있다.

기간도 중요하다. 앞서 말했듯 한 달 정도의 수익과 비용만 제시하는 경우가 아니라 최소 5년 정도의 매출과 비용, 이익이 추정되어야 한다. 또한 각 매출과 비용, 이익을 산정한 근거가 설명이 되어야 한다. 이처럼 숫자로 분석하는 과정에서 아이디어가 어떻게 현실화되는지 미리 체험할 수 있을 것이다.

셋째로 투자금을 어떻게 조달할지도 중요하다.

먼저 투자금액이 얼마가 필요한지 파악해야 자금조달에 대한 문제를 생각할 수 있다. 예를 들어 돼지고기 전문점을 운영하려면 건물이나 기계, 비품 등이 필요할 테고, 이후 증가하는 매출을 위해서 나중에 추가로 투자해야 하는 금액까지도 얼마인지 산정해야 한다. 이렇게 추정하여 나온 투자금을 자기 돈으로 해결할 수도 있지만 만약 돈을 빌린다면 이자를 줘야 하므로 이때는 이자비용까지 고려해서 수익성 분석을 해야 한다.

넷째로 투자금 회수에 대한 전략이 나와야 한다.

투자금액을 회수하는 데 어느 정도의 시간이 걸리고 얼마나 판매를 해야 하는지 손익분기점이 나와야 할 것이다. 인테리어나 시설투자에 대한 감가상각비, 이자비용, 임차료, 보험료와 같이 매출에 관계없이 지출되는 비용은 고정비고, 매출을 위해 들어간 재료비는 변동비다. 돼지고기 1인분을 팔 때 늘어나는 이익이 얼마이고 이렇게 팔아서 고정비인 투자금을 회수하려면 몇 인분을 팔아야 하는지를 분석한 것이 손익분기분석이다. 여기에 얼마나 벌고 싶은지, 순이익을 더해서 판매 목표를 산출하고 가능성을 따져봐야 한다.

이것이 장사를 하는 사람들에게는 너무나 기본적인 네 가지 숫자인데도 불구하고 이 기본을 모르고 장사하는 사람들이 너무 많다. 장사하느라 너무 바빠서 언제 이런 숫자를 하나하나 따지고 있느냐고 말하는 경우가 많은데 이는 통장의 잔고가 어딘가로 줄줄 새어나가도 모른다는 것과 같다. 성공한 장사꾼은 모두 숫자를 좋아할 뿐만 아니라 하나하나 열심히 따진다.

한 가지 주의할 것은 숫자에 대한 집착과 숫자를 좋아하는 것을 구분하는 것이다. 하루 매출이 얼마인지 숫자로 꼼꼼히 따져보기만 하는 것은 숫자에 대한 집착이다. 반면 숫자를 좋아한다는 말은 장사한 것을 숫자로 바꿔보는 것보다 숫자가 의미하는 것을 알아채고 그 원인을 분석하여 장사에 활용하는 것에 가깝다. 쪽박 가게 사장은 숫자에 집착하지만 대박 가게 사장은 숫자를 좋아한다.

기회비용

그렇다면, 얼마나 벌어야 하는가

"장사를 해서 얼마나 많은 돈을 벌어야 하는가?" 하고 물었을 때 "최대한 많이"라고 대답하는 사람들이 있다. 이런 생각이 바로 숫자에 약하다는 것의 반증이다. "최대한 많이"라는 말은 실현 가능성도 적은 이야기지만, 매출 목표가 분명하지 않으면 현재 얼마를 버는지도 잘 모르고 실제로 많이 벌더라도 만족하지 못할 가능성이 높다. 장사를 하려면 준비와 시작 단계에서 얼마나 벌 수 있는지, 그리고 스스로가 그 정도의 돈에 만족하는지부터 따져봐야 한다.

프로 사장들은 이미 자신이 투자한 금액과 발전 가능성의 연관성을 따져보고 사업의 타당성을 판단한다. 이는 사장의 노력과 투자금을 고려했을 때 어느 정도 이익이면 적정한지를 판단하는 것이다. 이때 자신이 얼마나 돈을 벌어야 하는지 계획을 세우기 위해 알아야 할 개념이 기회비용이다.

기회비용은 선택할 수 있는 여러 재화 중 하나를 택했을 때 그 때문에 포기해야 하는 나머지 모든 선택을 말하는데, 이익을 제대로 계산하기 위해 꼭 알아야 할 개념이다.

유통업을 하는 이민석 사장님은 이익을 중요하게 생각하는 편이다. 그는 작년에 이익이 1억 원이 났다며 좋아했다. 사장님의 말을 듣고 나서 내가 주목한 것은 인건비였다.

"사장님의 인건비는 얼마나 올랐나요?"

내 질문에 이민석 사장님은 조심스럽게 말했다.

"나는 내 개인적인 급여보다 회사를 키우는 것이 더 중요합니다. 또 사장이라고 급여를 많이 가져간다면 직원들이 뭐라고 하겠어요."

그는 회사에서 벌어들인 이익을 자신이 거의 가져가지 않고 회사에 쌓아두고 있었다. 다른 직원들이 열심히 야근하고 있는데 혼자 퇴근하는 것이 미안한 것처럼 다른 직원들은 고생하면서 적은 급여를 받는데 사장 혼자서 급여를 많이 받는 것은 옳지 않다고 생각하는 것 같았다. 오히려 이민석 사장님은 자신이 급여를 적게 가져가는 것을 뿌듯하게 생각하기까지 했다.

그러나 직원들을 의식해서 급여를 적게 가져가는 것은 여러 가지 문제점이 있을 수 있다. 근본적으로 이익을 잘못 해석하는 결과를 가져올 수 있기 때문이다. 가령 회사의 이익이 20퍼센트 올라간 이유는 사장의 인건비가 고정되어 있었기 때문일 수 있다. 지난 연도에 비해 사장이 2배는 넘게 일을 했어도 인건비는 작년 수준으로 받고 있으니 이익이 올라가는 것은 당연했다.

장사에 투자한 돈에는 이자가 붙지 않기 때문에, 장사에 투자한 돈의 기회비용을 계산할 때 이를 고려해야 한다. 그러면 어느 정도를 벌어야 적당한지 알 수 있다. 즉 장사를 하지 않고 그 돈을 은행에 넣어두거나 다른 곳에 투자했더라면 벌었을 이익은 장사의 기회비용이고, 이 비용 이상은 벌어야 돈을 벌었다고 할 수 있다. 여기서 기회비용이란 내가 장사 대신 투자와 여가 등 다른 것을 할 기회를 잃어버림으로써 발생하는 비용을 의미한다.

1억 원의 자금을 전부 내 돈으로 투자했다고 해보자. 장사에 1억 원을 투자하여 연간 3000만 원의 이익을 벌었다면 많이 번 것일까? 내가 이 목돈을 은행에 넣어두고 취직해서 연봉을 받는다고 해보자. 그러면 장사를 함으로써 포기한 기회비용은 은행 이자와 취직 후에 받는 연봉을 합산한 금액으로 이 금액 이상은 벌어야 장사를 한 가치가 있는 셈이다. 일반적으로 직장에 취직해서 연봉 3000만 원을 받는다고 치면 차라리 1억 원을 은행에 넣어두고 직장에 다니는 것이 금전적으로는 이득인 것이다. 따라서 1억 원을 투자해서 3000만 원을 버는 장사라면 장부상으로는 이익이지만 기회비용을 고려하면 실제로는 손해를 보고 있는 것이다. 즉 연봉과 은행 이자의 합은 장사로 벌어야 할 최소한의 이익인 셈이다.

그래서 나는 장사를 하는 사장들에게 스스로 정당한 월급을 가져가라고 권한다. 그렇지 않으면 시간이라는 소중한 기회비용을 물 쓰듯이 투자하면서 기회비용을 비용으로 기록하지 않아 발생하는 이익 증가를 진짜 이익이라고 잘못 알게 되기 때문이다. 또 회사가 이익이 나지 않으니 가져갈 돈이 없다면 사장이 가게에 돈을 빌려주는 형식으로 돈을 넣어서라도 사장의 인건비를 지급해야 한다. 이때 사장이 가게에 빌려준 돈은 장사를 해서 갚아야 제대로 장사를 한 것이다.

사장이 보수를 낮게 가져가면 회사의 이익이 늘어나는 것처럼 보인다. 사장은 보통 회사에서 일하는 직원 몇십 명의 몫을 할 텐데, 사장이 월급을 적게 가지고 가서 회사의 이익이 늘었다면 이것은 왜곡된 자료가 된다. 사장의 기회비용을 전혀 무시한 자료이기 때문이다.

요컨대 내 돈을 투자해서 장사를 할 경우엔 그 돈에 대한 기회비용이 생긴다. 그리고 빚을 내서 장사를 할 경우엔 그 빚에 대한 이자비용이 발생한다. 즉 투자한 돈을 조달하면서 발생하는 기회비용과 이자비용이 10퍼센트라면 투자로 인해서 얻는 투자수익률은 10퍼센트를 넘어야 이익이 생긴다.

재무제표

많이 벌어도 돈이 모이지 않는 이유는?

고객 중에 토속음식을 주로 하는 식당 '대장군'의 사장님이 있다. 음식도 깔끔하고 분위기도 좋아 가격이 좀 고가인데도 손님들이 많다. 사장님은 한창 장사가 잘될 때 우리 회사에 회계컨설팅을 의뢰했다. 보통 자영업이나 소기업을 운영하는 사장들에게 컨설팅을 할 때 가장 어려운 것은 실천이다.

사실 대개의 사장들은 회계사의 조언을 잘 듣지 않는다. 특히 자영업자가 대기업에 비해 더 그렇다. 대기업은 컨설팅 비용을 상대적으로 많이 지불해서인지 몰라도 비용을 투자한 만큼 결과를 내려고 하는 반면 자영업자들은 바쁘다는 이유로 그냥 보고서만 받고 끝이다. 규모가 작을수록 사장이 모든 일을 다 하기 때문에 컨설팅 내용을 실천할 여유가 없는 탓도 크다. 또 컨설팅을 실천하려면 직원들의 적극적인 협조가 필요한데 컨설팅을 받으니 더 귀찮은 일만 늘어난다고 볼멘소리를 하는 직원들이 많다. 지금까지 잘해왔고 열심히 해왔는데 컨설팅회사에서 이것저것 다 고치라고 하니까 귀찮고 또 왜 고쳐야 하는지 이해가 가지 않으니 그러는 것이리라.

사람들은 통장에 돈이 없으면 손님을 더 늘려서 매출을 올려야 한다고 생각한다. 즉 매출이 많으면 당연히 돈 또한 많이 모일 것으로 생각한다는 것이다. 사람들은 식당 대장군이 장사가 잘되니 돈을 다 긁어 모은다고 말했다. 그러나 사장님은 통장만 보면 한숨이 나온다고 했다. 사장님은 '문제가 무엇일까?' 고민했지만 결국 매출이 문제라고 생각하고 있었다.

하지만 문제 해결의 답은 회계다. 대부분 이렇게 장사를 잘하는데 돈이 없는 사람들은 돈 관리에 약하다. 가게의 자료를 자세히 분석해보니 문제는 돈을 많이 버는 것으로 생각하여 사업을 확장하기 위해 돈을 빌린 것, 또 그 빌린 돈을 마치 직접 번 돈처럼 쓴 것이 문제였다. 장부를 잘 정리하지 않고 매출만 보니까 통장에 있는 돈을 모두 써도 되는 것으로 생각해 여유 있게 쓰고, 이렇게 몇 년 지나고 나니 빚만 남게 된 것이었다. 그래서 사장님은 집도 팔고 힘들게 빚을 갚아나가고 있지만 여전히 원금은 생각도 못하고 이자만 겨우 갚아나가고 있는 실정이었다. 사장님은 희망이 보이지 않는 장사를 계속 하느니 가게를 접고 다른 것을 알아보는 게 낫지 않을까 하는 생각까지 하고 있었다.

사장님의 생활 패턴에도 문제가 있었다. 그는 매출이 최고점에 달했을 때 돈을 아낌없이 썼다. 직원들을 데리고 회식을 하면 소고기 정도는 아낌없이 사줄 뿐 아니라 고급 술집을 데리고 다니면서 회식비로 수백만 원을 쓰기도 했다. 사장님은 매출이 절반으로 떨어진 지금 생각해보면 그때 왜 그렇게 했는지 이해가 가지 않는다고 했다. 당시에는 매출이 업계 최고 수준이어서 돈을 많이 번다고만 생각했으니 그리 돈을 아낌없이 쓴 것이다.

음식점의 통장을 분석해보니 식당에서는 실제로 연간 2억 원 정도의 순이익이 발생했다. 동네 음식점이 이 정도 순이익을 내는 것은 결코 쉬운 일이 아니었다. 그런데도 사장님은 항상 장사가 안된다고, 적자가 나서 힘들다고 했다. 장부 분석을 통해 찾은 가장 큰 문제점은 역시 지나치게 큰 사장님의 씀씀이였다. 아이들을 모두 유학 보내고 고급 과외까지 시키는 것은 물론, 사장님도 개인적으로 골프회원권이나 각종 명품을 많이 사고 있었다.

개인적으로 씀씀이가 큰 것을 비난할 수는 없지만 사장님이 돈이 없는 원인을 가게에서 찾고 있는 것은 잘못이었다. 그래서 회사의 비용을 절감하기 위해 여러 방법을 쓰고 있었지만 사실 진단이 잘못되어 있었으니 문제가 해결될 수가 없었던 것이다.

이런 문제는 흔히 일어난다. 법인으로 회사를 운영하면 대표이사는 개인의 돈과 회사의 돈을 구별해서 관리하는 경우가 많은데, 개인회사의 경우에는 매출이 모두 자기 것이라는 생각에 가게통장과 개인통장을 혼용해서 사용하는 경우가 많다. 그래서 돈이 없으면 가게가 잘 안되는 것으로 생각해버린다.

이런 내용에 대해 설명을 드렸더니 사장님은 깜짝 놀랐다. 가게에서 전혀 이익이 나지 않는다고 생각해 거의 포기상태에 있었던 사장님은 개인적으로 쓴 것을 생각하면 오히려 결국 그 돈이 가게에서 나온 것이 아니냐고 내게 되물었다. 현재 상황에서 만약 가게를 포기하면 개인적으로 쓴 지출이나 생활비가 나올 곳이 없어지고 빚은 더 늘어날 수밖에 없었다. 직원 중에 사장님과 오래 일해온 믿을 만한 분이 얼마 전에는 "사장이 희망 없이 지내면 직원들은 믿고 따를 만한 사람이 없어 더욱 기운이 빠진다"라는 말을 했다고 했다. 일이 없어도 가게에 나와서 용기를 북돋아주었으면 한다는 것이었다.

사장님은 가게가 희망이 없다고 생각하고 접을까 했는데 문제는 가게가 아니라 자기에게 있었다는 것을 깨달았고 오히려 회계자료를 보니 희망이 생긴다고 말했다.

나는 사장님에게 회사가 돈을 얼마나 벌고, 얼마나 쓰는지를 알 수 있게 해주는 통장 관리법에 대해 알려주었다. 그것은 개인통장과 가게통장을 구분하는 것이다. 가게통장으로는 장사와 관련된 수입과 지출만 거래하고, 개인통장으로는 개인적인 입출금만 거래하도록 구분하면 통장만 보고도 가게의 정확한 이익을 산정할 수 있다. 개인회사라도 가게통장과 개인통장을 혼용하여 사용하면 장사로 얼마나 벌고 쓰는지를 파악할 수 없다. 사장 또한 가게통장에서 개인통장으로 한 달에 일정 금액을 급여형태로 지급받아 범위 내에서 사용해야 한다.

그 이후에 다시 만난 사장님의 표정은 매우 밝았다. 불필요한 투자도 줄이고 지출도 장부에 꼬박꼬박 적었다. 나중에 결제하는 시스템을 고치기 위해 카드를 용도별로 여러 개 발급받아 사용내역을 문자메시지로 받았더니 지출이 30퍼센트 이상 줄었다고 했다. 가게 직원들도 용도별로 카드 지출내역이 나오니 꼭 필요한 것이 아니면 사지 않게 되었고 식자재도 더 아껴 쓰게 되었다.

장사하는 사람들의 돈 관리가 어려운 가장 큰 이유는 수입이 불규칙하기 때문이다. 돈이 많이 들어올 때는 많이 쓰고 수입이 적어지면 지출도 줄어들어야 맞는데, 한 번 커진 지출 규모는 수입이 적어져도 쉬이 줄어들지 않는다. 절약하던 사람이 사치하는 것은 쉬워도 사치하던 사람이 절약하는 것은 어렵다. 그래서 소득이 불규칙적인 사람들이 월급을 받는 사람보다 돈 관리가 더 어렵다.

따라서 사장들은 장사를 해도 돈은 월급 받는 것처럼 해야 한다. 불규칙한 수입에도 불구하고 수입을 일정하게 유지시켜주면 오히려 돈 관리가 훨씬 쉬워진다. 통장만 분리해도 쉽게 관리가 가능하다. 또한 이렇게 하면 가게에서 벌어들이는 수입 및 지출, 또 개인적인 가계의 수입과 지출을 통장만으로 한눈에 볼 수 있다.

재무제표

큰 가게든 작은 가게든
매출이 아니라 이익이 목표다

장사하는 사람들은 대체로 머릿속으로 모든 것을 알고 있다고 생각한다. 그런데 숫자로 기록해보면 전혀 다른 결론이 나오는 경우가 많다. 숫자로 기록해야 우리 가게가 무엇을 잘하고 무엇을 못하는지, 무엇을 개선해야 하는지가 명확히 나온다.

장사하는 사람들은 자신의 머리로 계산하면 분명 이익이 나는데 통장을 보면 잔고가 없다고들 말한다. 이것은 장사하는 사람들의 머릿속에 수입만 있고 지출은 없기 때문이다. 즉 수입관리는 철저하게 하고 손님을 어떻게 늘릴지에 대한 생각은 많이 하지만 지출관리는 등한시하고 돈이 없으면 자꾸 손님이 부족한 탓만 하기 때문이다. 머리로는 이익이 나는데 통장에 돈이 없다면 이는 지출관리를 잘못한 결과이며, 지출을 단속하지 않아서 생기는 문제다.

언젠가 우리 회사와 동종 업계에 있는 회계사와 이야기할 기회가 있었다. 그 회계사무소는 매출기준으로 따지면 우리 회사보다 훨씬 컸지만 이익기준으로 보면 우리 회사의 절반도 안 되었다. 그쪽 사무소와 우리나 업무구조는 비슷한데 수익 대비 비용이 이렇게 차이가 나는 것은 어떤 이유에서일까? 사장은 그 원인이 직원의 생산성에 있다고 생각하겠지만 근본적인 이유는 목표를 어디에 두는가에 있다.

그 회계사무소는 목표를 매출에 두고 있었다. 매출이 적을 때는 이익이 나지 않으니 매출을 늘리기 위해 영업에 집중했다. 그래서 매출이 2배, 3배 늘었지만 역시 이익은 나지 않았다. 직원의 인건비 등 비용증가가 매출보다 더 컸기 때문이다.

우리는 매출 자체가 아니라 이익을 내는 것을 목표로 하고 있다. 회계사무소는 인력이 가장 중요한 요소이므로 직원 한 명이 할 수 있는 일이 어느 정도인지에 따라 생산성이 달라진다. 그래서 우리는 매년 인건비 대비 매출액 비율을 정리해서 직원들에게 책임감을 불어넣어준다. 단순히 매출만 강조하지 않고 인건비 대비 매출액을 기준으로 이야기한다. 그러면 직원들은 인건비를 줄이는 것도 연구하게 된다.

그래서 나는 매일 아침, 직원들을 교육시키는 것부터 업무를 시작한다. 업무를 표준화하여 숙달에 걸리는 시간을 절약하는 것이다. 업무 매뉴얼을 만들고 상황에 따라 업데이트해서 신입 직원이 다른 회사 3년차 직원의 몫을 할 수 있도록 훈련한다.

매출이 많다고 이익이 나는 것이 아니다. 작은 단계에서 이익이 나지 않으면 매출이 늘었을 때도 이익이 나지 않는다. 가게가 커진다고 해서 무조건 이익이 나는 것이 아니다. 하루에 손님을 다섯 팀만 받아도 이익이 나는 가게도 있고, 사장 혼자 일해 매년 수억 원씩 버는 가게도 있다. 반면 매출액이 수십억 원에 달하는데 망하는 가게도 있다. 가게를 할 때는 큰 가게든 작은 가게든 무조건 이익을 남겨야 한다. 그래야 그 가게의 미래가 있다.

가게에 이익이 나지 않는 주된 이유는 매출이 적어서가 아니라 매출이 변동될 때 비용을 관리하지 못하는 것이다. 고객 수가 늘어 매출이 늘었는데 직원은 그보다 더 많아져 비용이 늘어난 경우도 있고, 매출은 줄었는데 비용은 줄이지 못해서 손실이 나는 경우도 있다. 장사하는 사람들이 회계장부를 작성하지 않아 숫자관리를 못하면 이런 문제가 생긴다.

　장사하는 사람들은 대개 회계장부를 쓰기가 힘들고 또 쓸 시간도 없다고 한다. 사실 이것은 이해하기 힘든 말이다. 장사를 하는데 장부정리를 안 하면 얼마나 팔았고 얼마나 벌었는지 어떻게 알 수 있을까? 장사를 하는 목적이 돈을 버는 것인데 그것을 계산하지 않으려는 것은 장사의 기본을 놓치고 있는 것이다. 나는 이런 마인드를 가진 사장에게 돈이 모이는 것을 본적이 없다. 물론 장부를 정리하는 것이 쉬운 것은 아니다. 장사를 하는 사람이 회계지식이 없고 바빠서 장부정리를 따로 하기 힘들 때 내가 추천하는 방법은 통장을 장부로 사용하는 것이다. 장사하는 사람이라면 누구라도 통장을 가지고 입출금을 할 것이므로 가계통장을 만들어 장사와 관련된 입금과 출금을 이 통장으로 집중하면 통장 자체가 훌륭한 장부가 된다.

　그런데 통장으로 자금관리를 할 때 더 간편하게 하려면 통장의 입출금 구조를 간단하게 만들어야 한다. 특히 지출의 경우에는 물건을 사올 때마다 돈을 지급하지 말고 날짜를 정해서 그 날짜에만 지출이 되도록 해야 지출 내역과 금액을 명확하게 할 수 있다. 돈을 매일 쓰고 그대로 기록하게 되면 도대체 어디에 얼마를 썼는지 구분하기가 힘들고, 결국 장부정리가 복잡해진다. 그러나 지급일자를 한 달 중 지정된 하루로 통일하고 통장에서 돈을 지급하는 습관을 들여야 지출내역이 잘 보인다. 한 달에 식자재를 열 번 사온다고 열 번 지출하는 것보다 거래처와 약속을 해서 매월 말일에 지급한다는 식으로 계약을 하면 말일자 지출내역만 봐도 한 달 매입내역이 나오므로 계산이 간단해진다. 물론 이런 방식이 통하려면 말일 날짜에는 꼭 지급을 해서 신용을 쌓아야 한다. 그러면 지출통장만 봐도 훌륭한 지출장부가 되는 것이다.

    장부를 복잡하게 만드는 것 중 하나가 신용카드다. 신용카드는 사용시점과 카드 결재시점 사이에 차이가 생겨서 월별 비용과 현금지급이 불일치하게 되는 주요 원인이다. 장사하는 사람이라면 더더욱 직불카드나 현금을 사용해서 장부가 복잡해지지 않도록 해야 한다.

    신용카드를 쓰면 한 달 반 동안 자금활용이 가능하고 세금혜택도 받지 않느냐고 되물을 수도 있지만 이러한 이득은 생각보다 미미하다. 현금을 지불하는 경우에도 세금계산서나 현금영수증을 받으면 세금혜택을 받을 수 있기 때문에 세금 때문에 카드를 꼭 써야 하는 건 아니다.

    통장을 장부로 곧바로 사용하는 것은 가장 간단한 장부 작성법이다. 1년 정도만 사용하면 이것은 습관이 되고 몸에 배어 다음부터는 항상 머릿속에 장사로 얼마나 벌었고 얼마나 남았는지 제대로 파악할 수 있다.

제2장

돈 없이 장사해야 돈을 번다

손익분기점과 감가상각

투자규모는
얼마나 되어야 하는가?

　장사를 하려면 먼저 자신이 조달할 수 있는 자금의 규모를 따져보고 투자규모를 결정해야 한다. 내 수중에 있는 돈과 지인이나 은행에서 빌릴 수 있는 돈을 합해서 그 돈에 맞게 가게의 규모를 정하는 것이다.

　돈이 많든 적든 창업하는 사람들을 모두 자금이 부족하다고 한다. 5000만 원밖에 없는 사람은 1억 원짜리 사업을 생각하고, 5억 원을 가지고 있는 사람은 10억 원짜리 사업을 생각하기 때문이다. 자신이 최대로 조달할 수 있는 금액을 기준으로 장사를 준비하게 되므로 부채가 늘어날 수밖에 없다.

그러나 얼마나 많은 돈을 투자할지를 정할 때는 내가 어느 정도의 자금을 조달할 수 있는지보다는 손익분기점, 즉 투자금을 언제 회수할 수 있을지를 기준으로 봐야 한다. 장사를 처음 시작하는 사장들은 보통 사업에 필요한 초기비용을 과소평가한다.

아무리 재무적인 능력이 뛰어난 사장들도 실전에 뛰어들면 처음에 필요하리라 예상했던 것보다 1.5배에서 2배 정도의 많은 돈을 쓰게 된다. 때문에 내 자금조달 능력을 기준으로 투자를 해서는 안 되며, 자신의 보유자금에 창업비용을 맞춰야 한다. 그래야 어느 정도 여유자금을 갖고 시작할 수 있다. 짐을 최소로 해서 몸을 가볍게 해야 가파른 산을 오를 수 있는 것이다.

전복요리 전문점 '어사랑'은 깔끔한 식당이다. 종업원들도 친절하고 음식 맛도 있는 데다가 가격도 저렴하여 항상 손님이 줄을 서서 먹는다. 얼핏 보면 가게가 잘되어 사장님이 큰돈을 벌었을 것 같아 보인다. 하지만 실제로 사장님에게는 숨겨온 고민이 있었다. 사장님은 조상 대대로 물려받은 땅에 가게 건물을 지었다. 때문에 남들보다 투자비를 넉넉하게 써도 된다고 생각했다. 돈도 꽤 있었기 때문에 10억 원이 넘는 돈을 건물을 올리는 데 투자했다. 그러나 결과적으로 높은 투자비는 투자금을 영영 회수할 수 없게 만들었다. 전복요리점이라 식재료 매입비용이 워낙 높은 데다가 점심 메뉴는 가격도 1만 5000원으로 저렴해서 아무리 테이블이 여러 번 회전을 해도 투자비를 뽑지 못하는 지경이 되었다.

　장사를 하는 것은 돈을 벌기 위한 것이지 내가 얼마나 돈이 있는지, 또는 자금조달 능력이 얼마나 있는지를 자랑하려고 하는 것이 아니다. 투자규모가 크면 무조건 좋다고 생각할지 모르지만 투자규모가 크다는 것은 곧 투자금을 회수하기 어렵다는 뜻이기도 하다. 대부분 크게 장사를 하면 장사가 잘되고 이익이 많이 남아 빨리 원금을 회수할 수 있다고 생각하지만 실제로 줄 서서 먹는 가게를 보면 규모가 그렇게 크지 않은 가게가 아주 많다는 것을 금방 알 수 있다. 이것은 투자금이 많다고 장사를 결코 잘하는 것도 아니며 반대로 투자금이 적다고 장사를 잘 못 하는 것도 아니라는 사실을 말해준다. 오히려 투자금이 적으면 그만큼 원금을 회수하기도 쉽고 경제적으로나 정신적으로 여유를 찾을 수 있다. 반면 투자금이 많거나 그 돈을 빚으로 충당했다면 마음이 조급해질 수밖에 없고 또 원금회수에 시간이 오래 걸릴 수밖에 없다.

손익분기점과 감가상각

투자금, 언제 회수할 수 있을까?

장사에서 가장 급선무는 투자금을 빨리 회수하는 것이다. 투자금을 회수하지 못하면 적자지만 투자금을 회수하고 난 다음부터는 파는 만큼 이익을 얻을 수 있기 때문에 여유가 생긴다. 투자금을 회수하고 나면 이익이 좀 줄어도 버틸 힘이 있지만, 투자금을 회수하기 전에 장사가 안되면 버틸 힘이 없어 스스로 무너지고 만다.

과거에는 장사가 잘되면 1~2년 내에 손익분기점을 돌파해서 투자비를 회수한다고들 여겼지만 지금은 워낙 경쟁이 심해져서 장사가 잘되어도 3~5년 내에 투자금을 회수하는 것이 어렵다.

투자금을 회수하기 전까지 겪는 사장의 고충을 직원들이 알기란 참 어렵다. 때로는 사장조차도 투자금을 회수했는지 아닌지 잘 모르는 경우도 있다.

우리 아이들이 한창 어릴 때는 넷이나 되는 아이들을 위해 주말이면 키즈카페를 가곤 했다. 지금은 많이 일반화되어 키즈카페를 많이 볼 수 있지만 그 당시만 해도 키즈카페가 생소했다. 나는 우리 집 근처에 생긴 '플레이'로 키즈카페를 처음 경험했다. 카페에서 식사까지 할 수 있었고, 특히 직원들이 아이들을 돌봐주기 때문에 부모들은 아이들로부터 완전히 해방되어 자기만의 시간을 가질 수 있었다. 전체 면적에서 거의 40퍼센트 정도는 부모들을 위한 공간이 있어 그곳에서 책도 볼 수 있고 식사도 할 수 있었다. 플레이의 주 고객은 아이들이지만 어느 키즈카페를 갈 것인지에 대한 결정권은 부모에게 있기 때문에 어른들을 위한 공간까지 갖춘 플레이의 컨셉은 참 괜찮아 보였다. 주말에 누군가 아이들을 돌봐주고 부모들은 자신만의 시간을 가질 수 있다면 모든 부모가 아이들을 꼬드겨서 플레이로 몰고 갈 것임에는 여지가 없어 보였다. 남자 사장님은 주방에서 도와주고 여자 사장님은 키즈카페 전체적인 운영과 관리를 맡아서 했는데 참 사근사근하고 친절해서 정감이 가는 부부였다.

그렇게 한 2년 정도를 단골로 다녔는데 정말 장사가 잘되었다. 갈 때마다 항상 사람들로 가득해서 주말이면 대기번호표를 받거나 아니면 아주 일찍 예약을 하고 가야 할 정도였다. 그리고 이후에 첫째와 둘째가 초등학교에 입학하고 키즈카페에 갈 나이가 지나니 점점 방문이 뜸해졌다. 그러다 얼마 전 우연한 일로 사장님 부부를 만나 근황을 묻게 되었다. 대화를 나누던 중 사장님 부부가 아직도 투자금을 회수하지 못했다는 안타까운 이야기를 들었다.

키즈카페 '플레이'의 평균 월 매출은 3000만 원 정도고 여름 성수기 때는 4000만 원까지 오른다고 했다. 그중 식당매출이 60퍼센트, 기타 키즈카페 이용료가 40퍼센트 정도였다. 자영업치고는 적지 않은 매출이었다. 그러나 비용이 적지 않게 나갔다. 우선 인건비가 한 달에 1400~1500만 원 정도 들었다. 아이들을 돌봐주는 시스템이므로 직원들이 많이 필요했던 것이다. 거의 매출의 절반 정도가 인건비로 빠져나갔고 식재료비가 1100만 원, 임차료가 한 달에 300만 원 정도였다. 식재료비가 식당 매출의 절반을 차지할 정도로 많았던 것은 사장님 부부가 전문식당 경험이 없어 식재료비에 대한 관리가 미흡했기 때문이었다. 그래서 식당에서는 마진을 남기지 않고 키즈카페 이용료로만 이익을 보겠다는 계획이었다. 실제로 식당에서 나오는 이익은 전혀 없었다.

'플레이'는 첫해엔 적자였고, 2~3년차에는 연간 8000~9000만 원 정도의 이익이 발생해서 본격적으로 손익분기점을 넘어서려고 하고 있었다. 투자비가 4억 정도 들어서 손익분기점을 달성하려면 8000만 원 정도의 이익을 5년 정도는 꾸준히 유지해줘야 하는데, 상황이 어렵다고 했다. 그도 그럴 것이 자영업의 세계에서는 어느 업종이 장사가 좀 된다고 소문이 나면 1~2년 내에 순식간에 경쟁 업체가 생겨버려 이익을 유지하기가 어렵기 때문이다.

플레이의 경우도 마찬가지였다. 이 부부는 가게를 매각하려고 했지만 오픈 후 5년이 지나 노후가 진행된 시설을 살 사람은 쉽게 나타나지 않았다. 그래서 처분계획을 철회하고 다시 6000만 원 정도를 들여서 깨끗하게 리모델링을 했다. 손님을 모으기 위해 어쩔 수 없이 리모델링을 한 것이지만 다시 투자한 6000만 원은 또 언제 회수할 수 있을지 알 수 없는 상태였다.

20대 중반의 강지선 사장님은 가게를 내려고 시장조사를 하던 중 학생들이 많이 몰리는 대학가에 오므라이스 가게가 없다는 것을 파악하고 그곳에 오므라이스 전문점 '오므오므'를 열었다. 아무리 적은 돈으로 창업을 한다고 해도 인테리어를 하고 냉

장고 등 집기비품을 마련하는 데 3000~4000만 원은 필요했기 때문에 동생과 함께 동업을 하여 투자금을 나누고 나머지는 횟집을 하시는 아버지의 도움을 얻어 가게를 오픈했다. 강지선 사장님은 창업을 하기 전에 큰 오므라이스 가게에서 1년간 경험을 쌓았기 때문에 요리 실력에도 자신이 있었다.

가게를 시작하고 얼마 안 된 초창기에 나도 몇 번 갔는데 오므라이스의 종류가 정말 다양해 놀랐던 기억이 있다. 내 입맛에도 잘 맞고 아이들도 좋아해서 배달해 먹기도 했다. 장사는 꾸준히 잘되었지만 2년이 지나자 문제가 생겼다. 건물주가 보증금을 올려달라고 한 것이다. 가게가 지하여서 처음 계약할 때 집세가 그다지 비싸지는 않았다. 주방이 상당히 넓고 테이블이 20개 정도 되는 면적이지만 보증금 500만 원에 월세 50만 원이 전부였다. 돈을 제대로 벌어보기도 전에 가게가 잘된다는 소문부터 난 것이 문제였다. 장사가 잘된다는 소문을 들은 집주인이 2년의 계약 기간이 끝나기 무섭게 보증금을 올려달라고 했다. 집주인은 월세에 대한 요구는 더 없었지만 보증금을 700만 원 올려달라고 요구했다. 20대 여사장에게 700만 원은 너무나 큰돈이었다. 2년간 모은 돈을 전부 합쳐도 300만 원 정도가 전부여서 최대 보증금 800만 원까지는 낼 수 있다며 협상을 시도했지만 결국 주인은 이를 수락하지 않았다.

주인은 어쩌면 당장의 금전적인 이득을 얻으려고 보증금을 올린 게 아니라 가게를 직접 운영할 생각이었든지, 권리금 등을 높여 받든지 하려는 목적이었을 수 있다. 결국 강지선 사장님은 인상된 보증금을 마련하지 못해 수천만 원을 투자해서 구입한 비품들을 아버지 가게로 옮기고 인테리어비는 전혀 보상받지 못한 채 가게를 비워줘야 했다.

강지선 사장님이 미처 고려하지 못한 것은 무엇일까? 그것은 투자비에 대한 감가상각비 문제였다. 인테리어나 시설, 비품 등은 사용할 수 있는 연수가 있고 따라서 그 기간이 지나면 다시 재투자를 해줘야 한다. 다시 말하면 시설 투자는 사용할 수 있는 기간 동안의 감가상각비를 고려해서 매년 그 비용만큼의 이익을 내야 한다. 여기에서 주의할 것은 만약 가게 임대차 계약기간이 2년이라면 2년 안에 투자금을 회수해야 하고 만약 2년 안에 회수가 어렵다면 회수할 수 있을 것으로 예상되는 기간으로 임대차 계약을 했어야 한다. 그러나 그녀는 매월 수입에서 원재료와 월세, 공과금 정도만 뽑아지면 이익이 난다고 생각했다. 보통 장사하는 사람들을 보면 그녀처럼 이익을 계산할 때 감가상각이나 자신의 인건비, 각종 세금 등을 미처 고려하지 못하는 경우가 많다.

이 중에서도 유형자산에 해당하는 인테리어 및 각종 시설에 대한 감가상각비는 가장 놓치기 쉬운 부분이다. 가게를 얻을 때 지급하는 영업 권리금은 대부분 주고 들어온 만큼은 받고 나가지만 시설권리금이나 자신이 투자한 인테리어, 또 간판 같은 시설은 시간이 지나면 사라지는 돈이다. 매매할 때 동일한 업종을 하는 사람이 나타나면 시설비를 받기도 하지만 이런 경우에도 감가상각비를 빼고 나머지를 계산해서 받는 경우가 일반적이다.

사실 요즘처럼 자영업 폐업이 잦은 상황에서는 5년이라는 기간을 버티는 것도 대단히 힘들다. 중요한 것은 일정 기간 내에 투자금을 회수해야 하므로 감가상각비를 계산해서 매월 손익을 따져야 한다는 사실이다. 또 손익분기점을 생각보다 짧게 잡고 사업을 시작해야 빨리 투자금을 회수하고 장사로 이익을 볼 수 있다.

한 달에 매출이 1000만 원인데 그중 한 달 지출이 600만 원 나가고 그래서 이익이 400만 원이 난다고 말한다면 이는 숫자 개념이 없는 것이다. 투자금으로 1억 원을 설비나 인테리어에 투자했고 이것을 5년 사용한 후 재투자가 이루어져야 한다면 1년에 2000만 원의 감가상각비가 발생한다고 봐야 한다. 이 경우에 한 달이면 167만 원 정도의 감가상각비가 추가로 발생하므로 이익에서 빼고 계산해야 하는 것이다. 고정시설이 들어가는 장사의 경우에는 특히 감가상각을 따지지 않으면 투자비를 날리는 경우가 많다.

아이들의 학교에서 만난 젊은 엄마 윤혜영 사장님은 헬스클럽을 운영한다. 남편은 트레이너고 자신은 경영과 자금관리를 맡아 운영한다. 입주해 있는 건물은 외곽에 있지만, 대규모 아파트 단지가 몰려 있는 곳이라 나름대로 고객을 확보하기 좋은 위치였다. 또 그 헬스클럽만의 차별점도 있었는데 그것은 사우나시설이었다. 다른 헬스클럽에는 샤워시설만 간단하게 해놓은 경우가 많은데 윤혜영 사장님은 헬스클럽에 목욕탕 버금가는 사우나시설을 갖추어 놓았고 특히 이 부분이 손님들에게 반응이 좋았다.

윤 사장님은 현재 헬스클럽을 운영한 지 2년이 약간 넘었다. 헬스클럽이 잘된 덕에 처음에 임대가 잘 안돼서 고생했던 건물도 임대가 모두 되었다고 한다. 그러나 그녀의 걱정은 따로 있었다.

"건물주가 계약기간이 끝나면 나가라고 하네요."

"계약기간이 몇 년인데요?"

"3년요."

3년이면 채 1년이 남지 않은 상황이었다.

"이유가 뭐래요?"

"트집을 잡으려고 하니 이것저것 다 트집을 잡네요. 사람들이 러닝머신을 타니까 건물 전체에 붕괴위험이 있다고 하질 않나, 남자들이 운동기구를 들 때 내는 괴성 때문에 옆 건물에서 항의가 들어온다고 하질 않나. 그러나 그건 모두 핑계인 것 같고, 이제 건물 임대가 잘되니까 헬스클럽보다는 병원이나 약국 같은 업종을 입주시키고 싶은 것 같아요."

윤혜영 사장님은 애당초 헬스클럽을 오래 할 생각은 없었다고 한다. 헬스클럽을 잘 운영하여 후에 권리금을 받고 양도할 목적이었다. 하지만 이런 상황이라면 내년 무렵에 투자한 돈을 거의 대부분 잃게 될 처지였다. 계약기간은 3년이지만, 그보다는 더 오래 운영할 생각이었고 건물주인도 암묵적으로 그렇게 알고 있었을 것이라서 문제가 없을 거라고 생각했다.

윤혜영 사장님이 감가상각의 개념을 정확히 알았다면 계약을 할 당시에 임차기간은 장기로 설정했을 것이다. 건물에 투자한 샤워, 사우나시설 등은 그 건물에 계속 있을 때 가치가 있는 것이니 다른 건물로 옮겨간다면 가지고 갈 수도 없다. 그러니 임차기간 동안 감가상각을 할 수 있게 계산하고 투자규모를 결정하는 것이 바람직했을 것이다. 투자를 하기 전에 투자한 자산이 언제 어떻게 감가상각이 될지를 먼저 생각하는 것이 매우 중요하다.

사업초기에 이익을 계산할 때는 투자한 돈 이후에 들어가는 재투자비용이나 추가 투자금을 함께 계산해야 한다. 이를 빠트리고 한 달 운영비가 나오면 이익이 났다고 생각하는 것은 잘못된 계산이다. 장사는 투자한 원금을 회수하고 추가로 돈을 벌기 위해서 하는 것이다. 한 달 경비와 이익만 남겨서는 안 되며 투자금을 빨리 회수해야 본격적으로 돈을 벌 수 있다. 투자비를 회수하는 시점, 또는 투자비를 회수하려면 어느 정도의 판매량을 올려야 하는지를 보여주는 것이 손익분기점이다. 손익분기점을 낮추어서 고정비를 빨리 회수하는 방법 중 하나는 고정비를 줄이는 것이다. 투자비를 회수하는 시점이 생존의 분기점이기 때문에 생존만을 놓고 본다면 손익분기점을 낮추는 일이 장사의 전부일 수 있다. 반대로 투자비가 전혀 없다면 손익분기점이 제로이므로 하루하루 먹고살 수만 있으면 버틸 힘은 있는 셈이다.

요즘처럼 유행이 빠르고 자영업자가 많은 시대에는 무엇보다 손익분기점을 빨리 달성해야 한다. 손익분기점은 투자비가 적을수록 빨리 달성된다는 점을 기억하라. 망하는 가게들은 매출이 적어서 망하는 것이 아니라 투자비를 회수하지 못해서 망하는 것이다.

손익분기점과 감가상각

앞으로 벌고 뒤로 밑지지 않으려면 감가상각비부터 회수하라

처제는 어린이집 선생이다. 때문에 어린이집을 운영하면 돈을 많이 벌겠다며, 누가 도와주면 건물을 지어서 어린이집을 해보고 싶다는 말을 자주 하곤 했다. 자신이 근무하는 어린이집의 문제점도 지적하면서 본인이 원장이라면 저렇게 하지 않겠다는 말도 자주 했다.

처제가 말하는 가장 큰 문제점은 어린이집 원장님이 선생님들과 함께 각종 교구를 직접 만들어서 사용하는 것이었다. 선생님의 인건비를 고려할 때 그럴 시간이면 직접 구입하는 것이 더 낫지 않겠느냐는 것이다. 나는 처제의 말을 듣고 정말 어린이집을 하면 돈을 많이 벌 수 있는지, 또 얼마나 돈이 있어야 어린이집을 운영할 수 있는지 궁금해졌다. 때마침 우리 아이들이 다니는 어린이집의 장부를 볼 기회가 생겼다.

네 명의 우리 아이들은 모두 한 어린이집 출신이다. 우리 세대들은 중고등학생은 되어야 탈락의 쓴맛을 경험했는데 요즘 아이들은 다섯 살도 채 안 되어 탈락을 맛본다는 사실을 첫째 아이의 유치원을 찾아보면서 알았다. 어린이집에 추첨을 해서 들어가야 했다. 들어가고 싶다고 다 들어갈 수 있는 것이 아니었다. 우리가 네 명의 아이를 모두 같은 어린이집에 계속 보내게 된 가장 큰 이유는 어린 아이들에게 탈락의 쓴맛을 보게 하고 싶지 않아서였다. 유치원에 다니는 형제가 있으면 동생은 우선순위로 들어갈 수 있기 때문에 첫째의 노고로 나머지 아이들이 혜택을 받을 수 있었다.

아이들 세 명을 졸업시키고 막내까지 한 어린이집을 다니니 원장부터 선생님들까지 모르는 사람이 없었고 유치원이 우리 집처럼 자연스러웠다. 원장선생님은 내가 회계사인 것을 알고 있었기에 결산 감사를 맞아 나를 어린이집 운영위원으로 위촉했고 나 또한 어린이집에 재능을 기부한다는 생각으로 흔쾌히 승낙했다. 운영위원들은 어린이집 재정에 대해 감사를 해야 했다. 나는 호기심을 풀 겸, 맡은 일에도 충실하고자 감사에 성실하게 임했다. 나는 어린이집의 결산서를 보고 깜짝 놀랐다. 모든 수입과 지출이 교육청의 허가를 받게 되어 있었다. 수입과 지출을 마음대로 하지 못하는 업종은 절대 돈을 벌 수 없다. 이익이 정해져 있고 심지어 원장님도 정해진 월급 이상을 가져가지 못했다. 원장님은 이렇게 말했다.

"저희 직원들은 어린이집을 하면 떼돈을 버는 줄 안다니까요."

나는 직원들에게 어린이집의 결산서를 공유했다. 직원들은 그날 어린이집의 재정 상태를 처음 알았다고 한다. 결산서를 보기 전까지는 막연히 수입만 가지고 추측을 했는데 실제로 투명하게 보여주고 나니 오히려 신뢰가 쌓였다고 했다. 나 또한 첫째를 어린이집에 보내기 위해 이곳에 처음 왔을 때 그 시설을 보고 돈을 많이 버는 곳이라고 생각했는데 예상과 달라 크게 놀랐다.

어린이집은 정부로부터 수입과 지출을 관리받는데 일반적인 생각과 달리 감가상각비에 대해서는 보전을 받지 못하기 때문에 돈을 벌기가 힘들다. 정부는 매월 들어가는 실비에 대해서만 보전해주고 건물이나 차량을 구입하거나 수리하는 비용은 별도로 지원해주지 않기 때문에 원장님의 고민이 컸다. 그래서 원장님은 교구를 만들어 비용을 줄이는 노하우를 활용하고 있었다. 1만 원짜리 교구의 경우 직접 만들어서 재료비만 들이면 지원금 1만 원에서 재료비를 뺀 만큼이 마진으로 남는 셈이었다. 또 텃밭을 운영해서 식재료까지 직접 재배했다. 아이들은 텃밭 체험을 동시에 할 수 있으니 비용도 절감되고 교육적으로도 활용할 수 있었다. 처제의 생각과 달리 교구를 만드는 일은 좋은 아이디어였다.

어린이집은 돈보다 어린이를 정말 사랑해야 운영할 수 있다. 만약 돈을 많이 버는 데에 목적을 두려면 어린이집을 교구개발 회사로 바꿔 업의 본질을 전환해야 할 것이다.

시간투자

돈보다 시간을 투자하라

보통 장사는 돈이 많이 있어야 하는 것으로 생각하지만 돈이 없어도 시간과 노력만 있으면 할 수 있는 것 또한 장사다. 돈 없이 장사를 하는 예를 들어보자. 가장 대표적인 경우가 나와 같은 전문직이다. 회계사나 변호사, 의사가 무슨 장사냐고 따질지 모르지만 전문직도 직접 창업을 한다는 전제라면 진입장벽이 조금 높은 자영업과 다를 바가 없다.

매년 언론에서는 전문직들의 소득순위를 발표하곤 한다. 그만큼 사람들이 관심을 갖는다. 많은 수험생들이 고시패스를 위해 여전히 열심히 공부하고 있다. 왜 사람들은 전문직을 선호할까?

단순히 돈을 많이 벌어서일까? 내가 회계사 생활을 하면서 보면 회계사나 변호사가 일반 직장인보다는 많이 벌지만, 사업을 하는 사람들에 비하면 많이 버는 것 같지는 않다. 역시 돈을 벌려면 전문직보다는 장사를 해야 한다.

만약 사람들이 돈만 벌 생각이라면 장사를 하는 것이 유리한데 전문직을 더 선호하는 이유는 무엇일까? 아마 전문직의 안전성 때문일 것이다. 여기서 말하는 안전성이란 재투자금액이 아주 적어 망할 위험이 적다는 것이다. 자동차산업이나 조선산업은 아무나 할 수 없고, 하더라도 위험한 이유가 투자비용이 엄청나게 들어간다. 일반적인 도소매나 건설업도 투자비용이 상당히 들어간다. 만약 투자를 해놓았는데 수익이 적거나 없으면 투자금을 뽑을 수 없고 부도가 날 수도 있다.

그러나 전문직은 투자비용이 거의 들어가지 않는다. 해봐야 컴퓨터나 비품 정도만 재투자할 뿐 건물이나 기계장치를 재투자해야 하는 것은 아니다. 전문직의 재투자비용은 돈이 아니라 시간투자다. 전문지식을 쌓기 위해서 계속적인 공부를 해야 하는 것이 유일한 재투자인데 시간투자는 망할 염려가 없으니 안전하다고 생각하는 것이다.

그러므로 돈이 없다고 실망하거나 돈이 없어서 장사를 못한다고 생각할 필요는 없다. 조금 어렵거나 시간이 걸릴 뿐 못하는 것은 아니다. 회계사나 의사, 변호사가 되려면 시간과 노력이 필요하지 않은가. 오히려 돈으로 투자한 장사는 더 많은 돈을 가지고 있는 사람과 경쟁하면 경쟁력을 잃고 말지만 시간과 노력으로 투자한 장사는 내가 시간과 노력을 재투자해준다면 후발주자가 따라오기 힘들다. 돈이 많은 후발주자라면 얼마든지 나보다 많은 돈을 투자할 수 있지만 시간과 노력을 더 많이 투자하기는 어렵기 때문이다.

나는 투자금을 줄여 장사하는 좋은 사례를 여행 중에 만났다. 우리 가족은 매년 한 달씩 가족여행을 간다. 몇 년 전 미국 서부를 여행할 때의 일이다. 가족이 많으면 여행 준비를 하는 데 아무리 짧아도 6개월이 필요하다. 자금과 시간을 준비할 여력까지 생각하면 여행에서 돌아오자마자 내년 여행을 준비해야 한다. 미국에 여행을 갈 때 가장 걱정이 되었던 것은 숙박이었다. 아이들이 어려서 음식도 입에 맞아야 했고 가족 룸이 있는 곳도 찾아야 했다. 그래서 찾은 곳이 한인텔이었다. 한인텔은 일반 집을 매입해서 한국 민박처럼 숙박업으로 사용한다. 나는 LA 쪽에 있는 한인텔을 한 달간 렌트하고 보름은 샌프란시스코로 이동해서 있다가 귀국할 계획을 세웠다. 미국은 다른 사람들에게 피해주는 일을 굉장히 싫어하기 때문에 한인텔에 지내는 내내 조심스러웠다. 특히 큰 집을 한 채 매입해서 숙박업에 사용하는데 우리는 방 하나만 빌리는 것이라서 옆방과의 소음도 계속 신경이 쓰였다. 또 미국 집들은 대부분 나무로 지은 집이라서 아이들이 계단을 아무리 조용히 밟아도 소리가 났고, 이 때문에 집주인 김성식 사장님은 싫어하는 기색을 보였다. 얼마 후 따로 위치한 별채로 이동을 한 후에야 소음 문제가 가라앉았다.

나는 그가 100만 달러도 더 가는 저택을 민박으로 쓰는 것을 보고 미국에서 꽤나 성공한 사람인 줄 알았는데 알고 보니 내 예상과는 조금 달랐다. 김성식 사장님 말로는 미국에서는 대부분 장기대출로 집을 구입한다고 했다. 투자금이 많이 들어가지만 그것을 거의 대출로 조달해 당장 큰돈이 필요하지는 않다는 것이다.

김성식 사장님은 침대와 같은 비품들에 대해서도 따로 재고관리를 하고 있었다. 예를 들어 침대와 같은 비품은 몇 년 이상을 사용하면 낡게 되는데 이것을 버리고 다시 사려면 투자비가 꽤 든다. 그래서 김성식 사장님은 침대를 5년 사용하면 자신이 운영하는 다른 민박집으로 보내고 또 5년 더 사용하면 또 다른 민박집으로 보냈다. 새 침대를 쓰는 민박집에서는 숙박료를 높게 받고 그다음 민박집은 중간 정도, 마지막 민박집은 가장 저렴하게 받았다. 침대가 오래되었으니 가장 저렴하게 받는 것이 마땅했고 그러면 손님들도 침대가 오래되었다는 불평을 하지 않았다.

한편 그는 샌프란시스코에도 집이 있었는데 그 집도 직접 구입한 것이 아니라 렌트한 것이라고 했다. 레지던스를 렌트하고 다시 이것을 숙박으로 사용하는 것이다. 한 달 렌탈비가 2000달러 정도 되는데 우리에게 숙박료로 하루 200달러 정도 받으니까 열흘만 숙박으로 놓아도 렌탈비가 나왔다. 한 달에 열흘은 채워야 하는 것이 손익분기점인데 만약 열흘 동안 객실을 채우지 못하면 손해가 아니냐고 물었더니 그것도 별 걱정이 없다고 했다. 샌프란시스코에 출장을 갈 일이 많아서 어차피 방을 빌려야 하는데 주로 손님이 없는 날로 출장일을 맞춰 자신의 레지던스에서 묵으면 크게 손해가 아니라는 것이다. 이처럼 투자금이 많지 않아도 장사를 시작할 수 있다. 더 중요한 문제는 장사를 제대로 운영할 수 있는 능력이다.

시간투자

돈 없이 장사하는 박물관

지인이 성(性)을 테마로 하는 박물관을 오픈해 방문한 적이 있다. 처음 성 박물관이 생겼을 때 사람들은 굉장히 호기심을 가졌다. 물론 나도 일반적인 호기심이 들었지만 진짜로 내가 궁금했던 것은 투자금이었다. 내가 아는 관장님은 돈이 많지 않았고 또 아주 큰 규모의 박물관을 운영할 정도의 자금줄이 있는 분도 아니었다.

그를 만나기 위해 박물관에 갔더니 기다리고 있는 사람들로 줄이 길게 늘어서 있었다. 호기심을 자극하는 콘셉트이므로 사람들이 꽤 몰렸고 운영도 어느 정도 잘되고 있었다.

"관장님이 직접 사재를 출연하셨나요?"

박물관을 운영하는 데 필요한 작품들을 구입하려면 돈이 많이 들지 않을까 해서 물은 것인데 관장님의 대답은 놀라웠다.

"아뇨, 예술가들한테 출연을 받았습니다. 그런데 고민도 있어요. 저희 박물관은 시내에서 가깝고 호기심도 유발하기 때문에 손님은 많이 오는데, 따로 비용이 없다 보니 세금 때문에 고민이에요."

비용이 없으면 이익이 늘어나니 세금이 많아진다. 이 박물관의 경우에 비용이 없다는 것은 투자비가 없다는 말을 의미하기 때문에 나는 의아했다. 실제 예술작품을 모두 구입해 전시하려면 엄청난 돈이 들어가게 되는데 관장님은 이 모든 작품을 공짜로 얻었다. 또 만약 작품을 산다고 해도 예술가들이 자신의 작품을 그렇게 돈으로 평가하여 영리목적에 사용하는 것을 허락할지도 의문이었다. 많은 예술가들이 자신의 작품이 속세의 기준으로 평가받는 것을 싫어한다고 들었기 때문이다.

하지만 관장은 그런 예술가들의 심리를 잘 알고 있었다. 그래서 마음으로 예술가들을 설득했다. 예술가들은 자신의 작품을 알아주고 그것을 잘 보관해주려는 그에게 흔들렸다. 관장은 성적인 주제라는 이유로 비난을 받곤 하는 예술가들의 작품에 공감하며 작품의 진가를 알아봐주었고 그들의 작품을 잘 관리하고 보관해주겠다고 약속했다. 그렇게 하나둘 작품들이 모였고 이것들을 전시해서 박물관을 만들었다. 박물관을 세울 땅과 입구에 있는 매표소를 마련하는 데에 필요한 투자비는 정부 자금으로 해결하고 나머지는 대가 없이 현물로 받았다고 했다.

나는 관장님의 창업 스토리를 통해 박물관의 원가가 아주 적게 든다는 것을 알게 되었다. 대부분의 박물관은 작품을 돈 주고 사오는 것이 아니었다. 예술을 하는 사람들이 작품을 무상으로 출연했고, 박물관에서는 원가 없이 작품을 들여왔기 때문에 대부분의 매출이 이익이었다. 건물을 짓는 데 들어간 자금도 지원을 받았기 때문에 적은 이자비용만 내면 되었으므로 직원 몇 명의 인건비만 충당할 수 있으면 먹고사는 데 문제가 없었다. 세상에 원가 없이 장사를 운영한다는 것은 얼마나 마음이 편한 일인가?

우리 집에서 20분 거리에 초콜릿 체험장이 있다. 사실 말이 체험장이지 손수 초콜릿을 만드는 것 외에 특별한 것도 없다. 그런데도 손님들이 줄을 선다. 나도 몇 번이나 가볼 정도로 만족도가 높다.

초콜릿 체험장은 컨테이너 같은 가건물을 하나 지어놓고 입장료 8000원을 받는다. 우선 입장료를 내고 들어가면 열 가지 종류의 초콜릿 틀이 있다. 하트, 네모, 세모, 동물 모양 등 여러 가지 틀이 있는데 그중에서 하나를 고른다. 이것이 첫 번째 체험이다. 좀 허무하지만 그래도 사람들은 야외에서 땡볕도 참아가며 줄을 선다. 그러면 주인 아주머니께서 초콜릿 액체를 틀에 부어준다. 초콜릿 액체가 골고루 스며들도록 막대기로 잘 저어야 하는데 이것이 두 번째 체험이다. 참 허무하지만 그 정도 체험에도 아이들은 무척 즐거워한다. 이 두 가지 체험이 끝나면 초콜릿을 냉동고에 넣고 굳힌다. 다 굳을 때까지 30분 정도를 기다려야 한다. 체험 시간보다도 줄 서는 시간이 더 길기 때문에 또 다른 대기 시간을 견디기란 쉽지 않다. 게다가 우리나라 사람들이 기다리는 것에 얼마나 인색하고 조급한가? 그래서 이 사장님은 극적인 아이디어로 이 문제를 해결했다. 체험장 옆에는 몇 년째 놀리고 있는 과수원이 하나 있었는데 그곳을 빌린 것이다. 사장님은 어차피 과수원 주인이 농사지을 생각이 별로 없다는 것을 알았고 과수원 주인에게 과수원을 관리해주겠다는 약속을 하고 거의 무상으로 땅을 빌렸다. 과수원은 농사를 쉬면 땅이 황폐해지기 때문에 과수원 주인도 흔쾌히 허락을 했다고 한다.

　초콜릿 체험장 사장님은 여기에서 보물찾기를 했다. 물론 공짜는 아니다. 보물찾기를 하는 데 입장료 2000원을 내야 한다.

대부분의 아이들과 부모들은 초콜릿이 굳을 때까지 30분을 멍하니 기다리느니 2000원을 내고 보물찾기를 한다. 보물을 찾으면 초콜릿을 선물로 주는데 그 원가는 500원도 안 된다. 보물찾기는 보통 30분에서 1시간 정도가 소요되는데 이 시간 안에 90퍼센트 이상이 보물을 찾는다. 하지만 나처럼 농사꾼 기질을 갖고 있어서 일한 만큼 열매를 얻는 사람들은 보물을 못 찾기도 한다. 그러나 걱정할 일은 아니다. 보물찾기가 끝날 때쯤 주인이 몰래 와서 보물을 하나 건네준다. 손님한테만 특별히 주는 것이니 다른 사람들한테는 말하지 말라고 하지만 그게 거짓말이라는 것은 너무도 뻔하다. 그래도 기분 좋게 웃으며 알겠다고 말한다. 모두가 기쁜 마음으로 보물을 가지고 초콜릿과 바꾸러 간다.

초콜릿은 매점에서 바꾸는데 매점 앞에는 토끼와 강아지가 있다. 대부분의 아이들은 동물을 좋아한다. 또 희한하게도 여기 동물들은 초콜릿을 좋아한다. 특히 이 집 강아지들은 정말 세상에서 초콜릿을 가장 좋아하는 동물일 것이다. 이 동물들도 엄연히 초콜릿 체험장의 매상을 책임지고 있다. 아이들은 동물들에게 보물과 바꿔서 받은 초콜릿도 주고 자기들이 먹으려고 샀던 초콜릿도 주고, 또 온전히 동물들을 위해서 초콜릿을 사서 준다. 동물들과 한참을 놀고 나면 처음 와서 만든 초콜릿이 완성되어 있다. 그 초콜릿도 원가는 500원 정도다. 사람들은 이렇게 만 원으로 2시간 정도 실컷 즐긴 것에 만족한다.

  이를 요약해보면 8000원 내고 500원짜리 초콜릿 만들어 가져오고 2000원 내고 1시간 동안 보물을 찾느라 고생한 결과로 500원짜리 초콜릿을 가져온다. 결국 1만 원내고 1000원짜리 초콜릿을 가져온 셈이다. 여기에 강아지와 토끼가 먹은 초콜릿은 포함하지 않았다. 만약 박물관에서 입장료 1만 원을 내고 초콜릿 모형을 몇 개 보고 1000원짜리 초콜릿을 받는다면 손님들은 다시 오지 않을 것이다. 그러나 많은 손님들이 직접 초콜릿을 만들고 땀 흘려 찾은 보물로 초콜릿을 얻고, 과수원 땅을 밟으며 노는 것에 만족했다. 이것이 바로 투자금을 줄이면서 장사하는 방법이다. 편하다고 무조건 행복한 것은 아니듯이 손님들이 항상 편한 것만을 원하지는 않는다. 직접 참여하고 무언가를 얻어갈 때 더 만족하기도 한다.

시간투자

책 한 권 사지 않고
문을 연 도서관

'달리도서관'은 돈 없이 장사를 시작한 대표적인 사례다. 4명의 달리지기가 모여 만든 달리도서관은 북카페를 운영하며 북세미나도 하고 여행자 숙소까지 제공하는 복합문화공간이다.

도서관이라고 하면 우선 책이 많이 필요하고 그러려면 돈이 많이 있어야 할 것 같은데도 이들은 무일푼으로 도서관을 시작했다. 이들은 어떻게 돈 없이 도서관을 만들었을까? 방법은 간단하다. 이는 내가 달리도서관을 찾아간 이유기도 하다.

나는 책을 꽤나 많이 사는 편이다. 한동안은 매주 몇십 권씩 배달되어오는 책을 집 서재에 채웠다. 서재가 꽉 차자 거실을 서재로 바꾸었다. 그러나 얼마 안 되어 거실도 책으로 넘쳐 집안의 온 구석구석에 책장을 만들어야 했다. 그 후에는 회사의 개인공간과 회의실까지 책이 가득 찼고 더 이상은 책을 놓아둘 곳이 전혀 없는 지경이 되었다. 그때 달리도서관 광고가 눈에 들어왔다. 달리도서관에서 책을 대신 보관해준다는 내용이었다. 집에 장식처럼 놓여 있는 책들을 도서관으로 가져와 나눈다는 새로운 나눔의 개념을 발상해낸 것이다. 20권 이상 책을 갖고 오면, 이름표를 붙여주어 누구의 책인지를 구분할 수 있게 했다.

그리고 좋은 건물주를 만나 공간도 공짜로 빌렸는데 이는 달리도서관의 좋은 취지를 충분히 알리고 설득한 끝에 가능했다. 달리지기들은 도서관 공간이 마련되자 문화프로그램을 열기 시작했다. 달리도서관을 찾은 사람들은 누구나 무료로 참여할 수 있었다.

강연자에게는 숙식을 제공해주고 여행도 함께 해주었다. 이들은 의미 있는 가치를 찾아내 이를 충분히 활용했다. 그들은 나처럼 책을 보관할 장소가 필요한 사람, 또 건물을 갖고 있는 사람이 사회에 봉사할 수 있는 계기를 마련해주었다. 사람들에게 책을 주제로 편안하게 수다를 떨고 세미나를 할 공간, 또 아이들이 책과 놀 수 있는 공간을 제공했다. 재능기부에 뜻이 있는 사람들을 초청해서 강연을 부탁하고 그들에게 여행 가이드를 해주며 지역의 맛을 알리는 것 또한 양쪽이 원하는 가치를 제대로 이해했기 때문에 가능했다. 달리도서관은 돈보다 가치를 공유하고자 하는 사람들의 힘을 모아 사업을 시작했다. 나 혼자 하려고 하면 돈이 많이 필요하지만 남의 힘을 빌리면 돈이 부족해도 가능하다. 돈이 없으면 남의 힘을 어떻게 빌릴 것인지에 대해 연구하고 시간과 노력을 들이면 된다.

시간투자

아이디어만으로
문제를 해결한 가게

도저히 해결되지 않는 문제가 있다면 고객을 해결 과정에 참여시키는 것도 돈을 아끼는 방법 중 하나다. 승마장과 카트클럽을 운영하는 성읍랜드 이은주 대표는 MC와 아나운서, 모델 일을 하다가 지금은 사업을 하는 미모의 여장부다.

제주는 겨울이면 비수기기 때문에 승마장이나 카트클럽도 모두 비수기다. 보통 사장들은 비수기를 한가한 때로 생각하지만 그녀는 1년 중 비수기에 가장 바쁘다. 코스를 다시 재정비하는 등 바쁜 때를 위해 이것저것 공사를 해야 하는, 준비할 일이 많은 시기기 때문이다.

손님들이 많이 오는 시기에 바쁜 것이 아니라 그것을 위해 준비하는 시기에 가장 바쁘다는 것은 성공한 사람의 남다른 마인드다. 그런 그녀도 답이 안 보여 끙끙 앓던 것이 있었는데 그것은 그녀가 승마장, 카트클럽과 함께 운영하는 카페의 문제였다. 카페가 승마장 옆에 있는 탓에 날이 따뜻해지면 말과 호형호제하는 파리가 들끓었던 것이다. 특히 여름이면 매장 안으로 날아 들어오는 파리 때문에 카페에서 가장 인기가 많은 빙수 판매가 힘들어질 정도였다. 그녀는 하루 종일 카페 의자에 앉아 파리들을 노려보면서 고민하고 또 고민했다.

'파리, 파리……. 이 똥파리들을 싹 다 없애버리는 방법이 없을까?'

그녀가 생각한 대응방안은 이러했다.

1. 해충박멸 업체를 정기적으로 부른다.
2. 해충박멸 기계를 설치한다.
3. 자동문을 설치한다.
4. 입구마다 방충망을 설치한다.
5. 입구마다 투명 비닐을 설치한다.
6. 강력한 에어커튼으로 막는다.

등등

이은주 대표는 이 모든 방법을 다 써보았다. 해충박멸 업체 사장님은 오자마자 승마장의 말들을 보고 도망가버렸다. 해충박멸 기계는 효과가 없었다. 수백만 원을 들여 주 출입구를 자동문으로 만들고 자석방충망을 설치했지만 손님들이 너무 자주 오가니 금방 망가져버렸다. 투명 비닐은 카페의 이미지를 해쳐서 설치했다가 바로 철수해버렸고 에어커튼 또한 파리를 막지 못했다.

파리 때문에 머리가 빙그르르 돌던 어느 날 이은주 대표의 머릿속에 반짝이는 아이디어가 하나 떠올랐다. 파리들을 돈 안 들이고 없애는 방법이었다. 얼마 지나지 않아 그토록 극성이던 파리들이 거짓말처럼 카페 매장에서 사라졌다.

이은주 대표는 파리채 20개를 사다가 우산꽂이에 예쁘게 정리해두고 앞에다 이렇게 붙여놓았다.

'파리잡기 체험 - 체험비 무료'

성읍랜드의 카페는 주로 도시에 사는 사람들이 자연을 통해 힐링하기 위해 찾는 곳이었다. 도심 속 아이들에게는 파리채로 파리를 잡는 것 자체가 낯설고 흥미로운 일이었다. 가장 열심히, 열정적으로 잡아주는 고객들에게 이은주 대표는 더 힘내라고 시원한 아이스티를 무료로 제공했다. 파리들 사이에서도 분위기가 심상찮았는지 이후에는 파리 수 자체가 확실히 줄었다.

조금만 생각해보면 돈을 쓰지 않고도 문제를 해결하는 방법은 많다. 고민에 시간을 투자할수록 그 효과는 더 클 것이다. 안전한 사업을 하고 싶다면 돈만 투자하지 말고 본인의 시간을 투자하라. 이 보이지 않는 투자가 리스크를 크게 줄여줄 수 있다.

레버리지

우리는 배달의 민족?

몇 년 전, 미국 여행을 갔을 때였다. 여행 내내 우리 가족은 평소에는 거의 먹지 않던 햄버거를 주식으로 먹을 수밖에 없었다. 거의 모든 식당들이 햄버거나 샌드위치를 팔았고 빵 종류를 제외한 음식을 찾기란 무척 어려웠다. 한국에서는 된장찌개, 김치찌개, 갈비탕 등의 메뉴를 고를 수 있었지만 미국은 빵이라는 하나의 메뉴가 있었다. 마치 우리가 메뉴와 상관없이 다양한 반찬을 먹을 수 있듯이 어떤 빵에 어떤 야채와 고기, 소스가 들어가느냐의 차이였다. 우리에게 주식이 밥인 것처럼 미국에서는 빵이 주식이었다.

한 달 반 동안을 미국 서부에 머물면서 온갖 종류의 햄버거와 샌드위치를 먹었다. 한국에서도 워낙 빵 종류를 싫어하던 아내는 입맛에 맞지 않아 고생이었다. 미국 사회가 우리나라 정서와 크게 달라 힘든 것보다 음식 때문에 더 힘들어했다. 그런데 그런 아내의 입맛을 사로잡은 샌드위치가 있었다. 바로 서브웨이 샌드위치였다. 서브웨이는 전 세계적으로 맥도날드보다 더 많은 프랜차이즈를 구축하고 있는 유명 브랜드다.

아내는 한국에 돌아오자마자 서브웨이 프랜차이즈 가맹점을 내고 싶어 했다. 나는 다짜고짜 아내의 의견에 반대할 수가 없어 일단 꼼꼼히 따져보고 결정하라고만 했다. 특히 가맹점을 하는 데 얼마나 투자되고 얼마나 벌 수 있는지 등을 따지며 아내는 약하고 나는 강한 회계 쪽을 강조했다.

아내는 혼자 결정하기가 어려웠는지 함께 설명회를 가자고 했다. 사실 나는 아내가 안 했으면 하는 마음이었지만 단칼에 거절하면 아내와 싸우게 될까 봐 함께 설명회에 갔다. 매장 권리금을 고려하지 않고 순수하게 들어가는 투자금은 1억 2000만 원 정도인데 휴일도 없이 하루 종일 일을 해서 한 달에 얻는 이익은 300만 원 정도였다. 물론 여기에 아내의 인건비는 포함되지 않았다. 나는 아내의 인건비를 빼면 남는 것이 없고 그러면 투자금을 회수하기 어렵다고 설명했지만 아내는 대부분의 점주들이 아르바이트생을 쓰기 때문에 사장은 할 일이 없다고 했다.

그런데 실제로는 아내 말처럼 직원들에게 가게를 맡겨두고 사장이 신경을 안 써도 되는 장사란 없다. 아르바이트생이 그만두고 당장 직원을 못 구하면 사장이 바로 나가야 한다. 특히 명절 같은 때에는 옴짝달싹 못하는 것이 장사다. 그래서 나는 아내에게 서브웨이 가맹점을 내고 싶으면 노동력을 투자할 수 있는 아주 가까운 지인을 찾아 함께 자금을 투자하여 동업할 것을 권유했다. 마침 동생이 샌드위치 프랜차이즈 가맹점을 운영하고 있어 의견을 물었는데 동업으로는 중소기업 신입직원 월급 정도밖에 벌 수 없다고 했다. 만약 직장생활을 쭉 했으면 동생의 월급은 상당했을 것이다. 그러나 쉬는 날도 없이 장사를 하면서 얻는 소득이 신입사원 월급 정도라면 별로 재미가 없을 수밖에 없다.

아주 성실하고 믿을 수 있는 동생이라서 나는 돈을 동생에게 투자하고 동생이 사장이 되어 프랜차이즈 가맹점을 운영하면 어떨까 하고 다시 제안을 해보았다. 동생이 투자금의 20퍼센트 정도를 우리에게 주면 우리는 5년 안에 원금이 회수되고 그 이후에는 이익이 생길 것 같다는 계산이었다. 그러나 동생은 그렇게 할 경우에도 자신이 가져가는 이익이 너무 적어서 운영이 어려울 것 같다고 했다. 그것은 사실이었다. 자금을 투자한 사람에게 한 달에 200만 원을 줘버리면 일을 하는 동생에게는 고작 100만 원밖에 남지 않는다.

이런 고민을 하고 있을 때 아내가 잘 아는 언니가 카페를 열었고 이 때문에 아내의 장사 열정은 점점 더 커져만 갔다. 아이들이 다니는 어린이집에서 알게 된 동네 언니, 김혜경 사장이 가족들과 돈을 모아서 카페를 시작한 것이다. 그녀는 커피와 음료, 그리고 많은 메뉴들을 손수 만들어서 건강식으로 카페 메뉴에 차별성을 두었다.

오픈하고 얼마 지나지 않아 크리스마스가 있어 김혜경 사장님은 야심작을 만들었다. 수제 케이크였다. 건강식을 무척이나 챙기는 아내는 친구들까지 모아 케이크를 예약 주문했다. 발 넓은 아내의 영업력과 수제 케이크라는 제품의 우수성 덕에 금세 50건 정도의 주문을 받았다. 김혜경 사장님은 정말 정성을 들여서 크리스마스 이브를 준비했다.

크리스마스 이브였다. 김혜경 사장님도 대량으로 케이크를 만든 것은 처음이라 미리 만반의 준비를 했음에도 오후 5시가 넘어서야 모든 주문량을 완성했다. 카페는 시내에서 한 시간 정도 떨어진 곳에 있었다. 그런데 그날따라 눈이 엄청나게 왔다. 크리스마스를 즐기는 사람들에게는 반가운 눈이었지만 김혜경 사장님은 이 폭설 때문에 1시간이면 오는 거리를 3시간이 걸려서야 도착했고, 50개를 배달하는 데에는 도합 4시간 이상이 걸렸다. 크리스마스 이브, 저녁 식사와 함께 케이크를 자르려고 했던 가족들은 왜 이렇게 케이크가 늦느냐고 아내한테 불만 섞인 전화를 하기 시작했고 아내는 소개해준 죄(?)로 급작스럽게 고객 불만에 응대해야 했다. 결국 김혜경 사장님 혼자 배달하는 것이 불가능해지자 그녀의 남편까지 동원되었는데 문제는 변호사인 남편이 길치였다는 것이다. 그는 배달할 주소를 찾지 못해 결국 아내에게 도움을 요청해왔다. 변호사 남편은 법정에서는 날아다녔지만 케이크를 배달하는 데는 아무런 능력이 없었다. 날기는커녕 걷지도 못하고 골목길을 헤매고 있었다. 아내는 케이크 가게 고객센터 역할을 하다가 결국 배달사원으로 변신했다.

배달을 하는 중에도 고객 불만은 계속되었다. 영업용 차량이 없는 상태에서 50개나 되는 케이크를 승용차에 싣고 오니 균형을 잃어서 망가진 케이크가 발생했고 손님들의 불만이 여기저기에서 터졌다. 몇 시간을 기다리다가 겨우 받은 케이크가 망가져 있으니 당연한 일이었다. 아내는 그녀의 남편과 함께 몇 시간 동안 케이크를 배달하고 11시가 넘어서야 집에 들어왔다. 결국 본인이 예약한 케이크는 받지도 못하고 망가져서 반품된 케이크를 들고왔다. 그렇게 해서 김혜경 사장님이 번 돈이 불과 몇십만 원이었다. 이 돈을 벌려고 중요한 날 온 가족을 동원하고, 옆집 가족까지 동원해 피해를 나누어야 하는 것이 장사다. 아내 또한 가족과 시간을 보내지도 못하고 고생했지만 수고비는커녕 손님들한테 연신 죄송하다는 말을 해야 했다.

처음에는 가족들과 크리스마스 이브를 보내지 못해서 속상했지만, 그 이후로 다행히도 아내가 샌드위치 프랜차이즈 가맹점을 하겠다는 말을 하지 않아 오히려 나는 김혜경 사장님에게 고마울 지경이었다. 나는 김혜경 사장님의 변호사 남편처럼 배달을 하면서 휴일과 연휴를 보내고 싶지는 않았다. 내가 원하는 삶은 공인회계사지 샌드위치를 배달하는 배달회계사가 아니었다.

레버리지

돈이 있어도
대출을 받는 이유

가게를 여는 대신 나는 아내에게 임대용 부동산을 사주었다. 아이 넷을 낳고 키우느라 고생한 것도 그렇지만, 아내에게 가장 어울리는 장사가 무엇인지 고민하다가 내린 결론이었다. 부동산 임대업은 다른 장사에 비해 시간이 많이 필요하지도 않고 또 가정주부가 가장 잘할 수 있는 일이기도 했다.

임대용 부동산을 사주겠다고 말하고 얼마 되지 않아 아내는 집 근처 오피스텔을 분양 받자고 했다. 분양가액이 7000만 원 정도였고 은행에서 50퍼센트는 대출이 가능했다. 주변 시세로 보니 월 임대료로 50만 원 정도는 받을 수 있었고, 분양가액의 절반을 대출받아 이자 15만 원을 내고 나면 월 35만 원의 순 임대료가 나왔다. 내 돈 3500만 원만 있으면 나머지 절반은 대출금으로 조달하여 월 수익률로 1퍼센트, 연간 12퍼센트 수익률을 달성할 수 있었다. 이 상황을 유심히 보고 있던 친척 분이 자신도 한 채 분양받겠다고 했다. 그 분은 대출은 받지 않고 자신의 돈으로만 투자를 결심하고는 나한테 물었다.

"왜 돈이 있는데 대출을 받아요?"

"대출을 받는 게 수익이 더 나니까요."

내 말에 그분은 이해를 하지 못하겠다는 표정이었다. 내 돈이 있는데 왜 비싼 이자를 주며 대출을 받느냐는 것이었다.

레버리지 효과를 잘 이용하면 남의 돈을 이용하는 것이 훨씬 유리할 때도 있다. 7000만 원을 가지고 자기 돈만으로 투자를 하면 오피스텔은 1채밖에 사지 못하고 월 50만 원의 임대료를 얻는다. 그런데 만약 대출을 50퍼센트 받는다면 7000만 원의 돈으로 오피스텔 2채를 살 수 있는데 그러면 2채의 임대료 100만 원에서 오피스텔 2채 대출금에 대한 이자 30만 원을 빼고도 월 70만 원의 순 임대료를 얻는다. 대출을 해서 투자금을 높이면 순수익도 함께 높아져 투자수익률이 올라가게 되는 것이다.

물론 빚을 내는 데 따르는 위험은 생각해야 한다. 최악의 경우에 부채를 못 갚게 될 가능성이 항상 존재한다. 따라서 전 재산이 7000만 원인 사람이 대출을 받으면 부동산가치가 떨어질 때 대비책이 없어 위험하지만, 부동산가치가 최악의 경우까지 하락하더라도 대출금을 갚을 여유 재산이 있는 사람은 남의 돈을 빌리는 게 더 낫다. 즉 돈이 없는 사람이 돈을 빌리는 것이 아니라 돈이 있는 사람이 돈을 빌리는 것이다.

한편 남의 돈을 빌릴 때는 조건을 명확히 해야 한다. 보통은 은행 대출처럼 매월 이자를 주고 만기 때 원금을 상환하는 조건이 일반적이다. 이것을 '부채'라고 한다. 반면 이자가 부담이 되는 회사는 주식을 발행해서 주주를 모집하는데 이것을 '자본'이라고 한다. 그런데 자금이 너무 부족하거나 급박한 경우에는 부채와 자본, 두 가지를 합한 형태로 돈을 빌릴 때도 있다. 가령 주식으로 전환할 수 있는 전환사채처럼 이자와 원금을 갚으면서 나중에 주식까지 줘야 하는 경우, 혹은 이자와 원금 상환을 약속하고 나중에 지분까지 일부 줘버리는 경우가 그렇다. 사업초기에는 자금이 부족하기 때문에 돈을 빌리는 것이 너무 어렵고 다급해서 이런 악조건으로 돈을 빌리는 경우가 많지만 이것은 훗날 빚의 노예로 전락하는 지름길이다.

보통 전환사채 형식으로 들어온 외부자금에는 살벌한 조건이 붙어 있으므로 이를 잘 따지지 않고 투자자의 조건을 모두 수용해버리면 안 된다. 이렇게 전환사채로 돈을 받으면 연간 실적이 투자자 측이 제시한 기준에 미달했을 때 바로 이자와 원금 상환을 요구하거나 경영에 간섭을 하기 시작할 수도 있다. 또 당초 계약보다 더 많은 주식을 뱉어내야 하는 조건이 붙기도 한다. 또 이익이 많아지면 지분 가치가 올라가는데도 처음에 빌려준 돈으로 나중에 비싸진 주식을 매입하는 형식이 되어 채권자에게 유리할 수밖에 없다. 그리고 소기업이나 작은 가게들이 빌리는 빚은 이자가 비싸서 이자를 주고 나면 남는 것이 없는 경우도 많다.

돈을 빌려준 사람에게는 부채처럼 원금과 이자만 줄 것인지, 아니면 자본처럼 이자와 원금상환 없이 지분만 줘서 이익을 분배할 것인지를 구분해서 단순하게 가야 한다. 장사하는 사람들은 이런 노예계약을 꼼꼼히 따질 여력이 없기 마련이므로 부채와 자본이 섞인 복잡한 형태의 조건은 무조건 지양해야 한다. 이런 독소 조항들은 대부분 나중에 이익이 나든 손실이 나든 모든 것을 내주어야 하는 상황으로 흘러간다.

레버리지

동업은 손실뿐 아니라 이익도 나눈다

장사를 시작하기 위해 돈을 투자해줄 동업자를 찾는 사람들이 많다. 파트너를 찾는 이유는 투자규모를 조금이라도 더 크게 할 수 있기 때문이다. 결혼 전에는 두 채의 집이 필요하지만 결혼하면 한 채의 집이면 되고, 비용도 절반으로 줄어드는 이치처럼, 동업을 하면 기본적인 사업비용도 줄어든다. 즉 장사에서 가장 필요한 것이 사람과 돈인데 동업자는 이 모두를 해결해줄 수 있다.

그런데 컨설팅을 해보면 대부분 장사를 하고 3년 정도 지나 안정기에 접어들면 동업자 때문에 문제가 생기며, 때로는 은행보다 더 신경 쓰이는 존재로 둔갑해버린다. 은행은 이자와 원금만 갚으면 되지만 동업자는 사사건건 충돌을 일으키기 때문에 은행보다 무섭다. 은행차입금은 내가 돈이 없으면 문제가 되지만 동업자는 내가 돈이 있을수록 문제가 커진다.

그런데 이처럼 남의 돈을 빌리는 형태가 아니라 사업에 직접 참여하는 동업의 형태는 어떨까? 가령 부동산 임대를 하더라도 자금을 빌리는 형식이 아니라 공동 소유로 매입해서 공동사업자가 되는 형태 말이다.

우리 고객사 중에는 고기를 유통하는 사람끼리 모였다가 1년 만에 헤어지고 동시에 재산분할 소송까지 걸린 적이 있다. 원래 이 사장님들은 모두 개인적으로 고기 유통업을 하고 있었는데 그중 한 분이 동업에 대한 제의를 하면서 이 일이 시작됐다.

이혼한 사람들 이야기를 들어보면 모두 그들만의 이유가 있는데, 동업자들 또한 헤어지게 된 이유를 들어보면 그 이유가 하늘의 별보다 더 많다. 그런데 이들이 헤어지는 이유에는 공통점이 있다. 주식회사든 동업관계의 개인회사든 상관없이 회사를 시작하고 적자가 나는 상황에서는 큰 다툼이 일어나지 않는다. 그런데 문제는 이익이 나면서다. 가게가 잘 운영되고 성장을 하게 되면 처음 힘을 모은 사람들이 화합하여 이익을 내고 공평하게 분배해야 하는데 이것이 말처럼 쉽지가 않다.

처음에는 동업을 쉽게 시작한다. 동업을 하면 투자비나 지출에 대한 부담을 1/N로 나누기 때문에 부담도 적다. 그러나 사람들은 슬픔을 나누면 줄어든다는 것만 알고 돈을 나누면 줄어든다는 사실은 잘 모른다. 초창기에는 회사에 투자할 것도 많고, 계속 손실이 이어지기 때문에 동업이 편하지만 몇 년 후, 이익이 생기면 그때는 동업이 불편해진다. 이익을 나누는 기준이 각기 다르기 때문이다. 누구는 돈이나 물건을 투자했고, 누구는 능력을 투자했고, 누구는 인적 네트워크나 특허권을 투자했다. 공평한 분배가 되려면 이것을 합리적인 숫자로 환산해야 하는데 회계사도 이 일이 어렵기는 마찬가지다. 그렇다고 사람 수대로 나누면 능력이 뛰어난 사람은 손해를 보기 때문에 견디기 어렵다.

가장 많이 하는 초보 단계의 동업은 사무실만 함께 쓰고 다른 것은 독립채산제로 움직이는 것이다. 사무실 유지비도 동업자끼리 나누게 되니까 부담이 덜하고 나중에 이익에 대해 서로 간섭을 안 하게 되니 그나마 유지가 된다. 어떤 사람은 독립채산제로 움직이되 사무실과 직원만 공유하기도 한다. 혼자 직원 한 명을 채용하기가 부담이 되면 몇 명이 모여서 직원 한 명을 채용하고 함께 일을 맡기는 것이다. 그러나 사무실과 달리 사람은 1/N로 나누기 어려운 일이 많이 발생하기 때문에 이 또한 잘 안 되는 경우가 많다.

회사는 돈이 없어서 망하는 경우도 있지만 돈이 많아서 망할 때도 있다. 노를 젓는 사공이 많으면 특히 더 그렇다. 많은 파트너들이 사업을 시작할 때 비용만 고려하고 수입은 고려하지 못한다. 미래 수입을 예측할 수 없기 때문이다. 미래 수입을 감안하지 않은 상태에서 수입과 비용을 모두 공유하는 동업은 출발부터 문제가 있는 것이다. 한편 동업에 따른 시너지 효과도 문제다. 단지 투자비와 비용을 나누는 정도로 생각하면 진정한 동업은 불가능하다. 동업자간에 수입을 늘리는 데에도 시너지 효과가 있어야 하는데, 대부분의 동업은 비용 부담을 줄이는 식으로 시작하여 나중에 가보면 시너지 효과가 사라지고 사업이 안정되면 불필요해지는 경우도 있다.

가령 인허가 문제라든가 초기 자금조달이라든가 하는 것은 사업을 시작할 때만 필요한 역량일 뿐 나중에는 별로 필요하지 않는 경우가 많아 그런 사람이 동업자로 들어오면 계속 이익을 분배할 수가 없어진다. 이런 경우에는 대부분 몇 년 못 가 헤어진다. 회계사를 찾아오는 사장님들은 항상 다른 동업자 탓을 하곤 한다. 사업을 시작할 때 자신은 돈을 얼마 투자했는데 다른 사람은 물건으로 투자해서 자신이 손해라는 말도 하고, 나중에 사이가 안 좋아지면 "이 물건은 내가 투자했던 것이니 내 것이다"라며 가져가버리는 경우도 있다.

 내부적으로는 동업하는 조건이지만 외부적으로는 모두 각자 사장 역할을 하기 때문에 사장 대접을 받고 다닌다는 말이 건너 건너 다른 파트너에게 들어가면 혼자 주인인 것처럼 하고 다닌다는 의미로 바뀌고, 서로 기분이 상하게 된다. 또 어떤 사장님은 영업을 맡고 파트너인 다른 사장님은 관리를 맡고 있는데 관리를 맡은 사장님이 자꾸 개인적으로 돈을 쓴다고 의심하여 검찰에 고소하는 경우도 있다. 종교나 관점이 달라도 문제가 생긴다. 한 사장님은 무교인데 동업자는 미신을 믿는 사람이어서 점을 치거나 무당집을 다니기도 하고, 회사 내에 별장용 건물을 짓는 식으로 지출을 할 수 있다. 막상 당사자의 말을 들어보면 왜 그것이 개인적인 지출이냐고 반박한다. 종교적인 차이일 뿐 사업을 위한 것이라고, 그리고 회사 내 별장은 직원들을 위한 사택이라고 주장한다.
 동업관계는 부부 관계처럼 어렵고도 애매한 것이 많아 누가 맞고 틀린지의 문제가 아니라, 성향의 문제인 경우가 많다. 양쪽 말이 모두 다 맞고 부부싸움처럼 다툼이 끊이지 않는다. **부부는**

싸워도 자식 때문에 정으로 살지만 동업관계는 이해관계로 만났기 때문에 이해가 틀어지면 대부분 헤어지는 것이 일반적이다. 멀리 가려면 함께 가야 하지만, 장사에서만큼은 혼자 가는 것이 멀리 가는 것 같다.

제3장

숫자는
우리가 무엇을
팔고 있는지를
알려준다

자산과 비용

큰 숫자를 보면
업의 본질이 보인다

사업을 하거나 회사에 몸을 담고 있으면 스스로가 어떤 일을 하는지 알고 있다고들 생각한다. 그런데 정말 그러한가?

어쩌면 이 질문은 너무 당연하고 기본적인 것이다. 일하는 사람이라면 누구나 '우리가 누구이며, 우리의 사업은 무엇이며, 어떠한 가치 있는 일을 하고 있는가?'라는 질문에 답할 수 있어야 한다. 그러나 실제로 일을 하면서도 무엇을 파는지 잘못 알고 있는 경우가 너무 많다.

올 여름 한창 무더위가 왔을 때 다섯 살인 막내아들이 내게 이렇게 말했다.

"아빠, 더워. 바람 갖다주세요."

내가 바람이라는 말을 이해하지 못하고 의아해하고 있자, 아들은 손으로 선풍기를 가리키며 바람을 가져다 달라고 했다. 순간 나는 다섯 살 아들한테서 업의 본질에 대한 이치를 배웠다. 선풍기를 만드는 회사가 '우리는 선풍기를 만드는 제조회사'라고 한다면 더 좋은 선풍기를 만들기 위해서 노력할 것이다. 그러나 '우리는 바람을 만드는 회사'라고 한다면 여름을 시원하게 보낼 더 다양한 상품을 만들 것이다.

유통업은 물건을 사고파는 것이므로 재고자산이 가장 중요하며 얼마나 싸게 사서 마진을 많이 내고 파는가가 관건이다. 물건값은 항시 변동하는 것이므로 가격이 내려갔을 때 재빨리 매입했다가 가격이 올라가면 파는 전략이 아주 중요하다. 또 이렇게 물건값의 시세에 따라 사고팔 수 있기 위해서는 운전자본이 필요하다. 그런데 농수산물 유통업을 하는 오영수 사장님은 장사에 필요한 운전자본 2억 원을 주식에 투자하고 말았다. 농수산물 시세를 보면서 가격이 쌀 때 재고를 확보해야 하는데 큰돈을 묶어버린 것이다.

역시나 오영수 사장님은 운전자금이 필요할 시점에 돈이 없어 주식을 급히 팔아야 했다. 하필이면 주식가격이 폭락해 있어 크게 손해를 보았다. 유통업은 매출액의 20퍼센트 정도에 해당하는 현금을 항상 확보하고 있어야 한다는 기본 원칙을 잊었다가 낭패를 본 것이다.

동종 업종의 가게 때문에 업의 본질을 파악하는 것에 혼란이 생기는 경우도 있다. 업종이 동일하더라도 장사하는 사람마다 업의 본질을 다르게 볼 수 있기 때문이다. 고영남 사장님은 원래 유통업을 하던 분인데 유통업 환경이 좋지 않아 주변의 반대에도 불구하고 식당을 시작했다. 고영남 사장님이 식당을 결심한 이유는 식당을 하는 친구가 1년에 순이익으로만 7억 정도 버는 것을 가까이에서 보았기 때문이었다. 그런데 그 친구의 철칙 중 하나가 식당은 임차건물이 아니라 자기 땅에 자기 건물을 지어서 한다는 것이었다.

고영남 사장님도 그게 옳다고 생각하여 식당을 하기 위해 땅을 사고 빚을 내 건물을 올렸다. 식당으로 돈을 버는 것의 본질을 부동산에 있다고 본 것이었다.

그는 여전히 식당을 운영하여 먹고살고는 있지만 부동산을 구입하기 위해 빌린 돈을 갚는 것은 여전히 요원하다. 돈 잘 버는 가게의 돈 버는 노하우를 제대로 보지 못했던 것이다. 그의 친구는 그 식당 외에도 여러 식당을 사고팔면서 부동산으로 돈을 벌었다. 전직 금융인 출신인 친구는 실제 식당을 운영하는 것이 아니라 식당은 전문경영인에게 모두 맡기고 식당을 기반으로 부동산을 사고팔면서 돈을 벌고 있었다. 식당을 하고 있는 것 같지만 그의 본업은 부동산업이었다. 그러나 고영남 사장님은 부동산업을 하려는 것이 아니라 음식점을 하려고 했으므로, 친구를 따라 무리하게 빚을 내서 부동산을 구입한 뒤 식당을 시작한 것은 나중에 과중한 부채투자비를 회수해야 하는 부담으로 이어질 수밖에 없는 일이었다. 이처럼 장사를 하는 사람은 자신이 파는 것이 무엇인지, 업의 본질을 잘 알아야 한다. 그렇지 않으면 엉뚱한 곳에 돈을 쓰게 될 수 있다.

자산과 비용

카페는 커피를
파는 곳이 아니다

　숙박업을 하거나 음식점을 하거나 카페를 하면서 잠자리를 팔고 음식을 팔고 커피를 판다고 말한다면 마치 대금을 청구하는 일을 하면서 팩스만 보내고 있다고 말하는 것이나 다름없다. 장사를 하려면 최소한 그 업종에 대해 사전조사를 해야 하고 그 업종이 무엇으로 돈을 버는지에 대해 답을 할 수 있어야 한다. 업을 시작할 때 가장 중요한 것은 기발한 아이디어를 내는 것보다는 해당 업종과 그 업종의 1등 가게에 대해 철저하게 분석하는 것이다. 그런데 숫자를 알면 업을 분석할 때 큰 도움이 된다.

요즘 한창 인기 있는 업종인 카페를 한다고 생각해보자. 무엇을 조사해야 할까? 가장 먼저 할 일은 업의 본질에 대해 조사하는 것이다. 그럼 카페를 할 때 업의 본질은 무엇인가? 업의 본질이란 업에서 가장 중요한 것을 의미한다. 사람들은 가장 중요한 곳에 큰돈을 쓴다.

남의 집에 놀러가보면 그 집에서 중요하게 생각하는 부분이 무엇인지가 보인다. 가령 우리 집에 오면 다른 것들에는 별로 돈을 안 쓰지만 책에 엄청난 돈을 쓴다는 것을 알 수 있다. 우리 가족에게 가장 중요한 것이 무엇인지를 파악할 수 있는 것이다. 장사도 이와 마찬가지다.

김현영 사장님은 피아노 학원을 하다가 접고 시내 외곽지역에 카페를 열었다. 요즘 사람들 로망이 카페 하나 여는 것이듯이 그녀도 카페에 관심이 있었던 것이다. 김현영 사장님은 남편의 소득이 만족스럽지 못해 직접 장사를 하기로 결심한 후 아르바이트생을 고용하여 한 달간 카페를 열려는 곳의 유동인구를 조사했다. 그리고 주변 카페에 몇 명의 손님들이 들르는지를 숫자로 파악했다. 그녀가 카페를 계획한 곳은 유명한 관광지지만 워낙 지역색이 강해 지역 사람조차도 장사를 하기 힘든 장소로 소문난 곳이기 때문에 더 철저한 분석이 필요했다. 그녀의 조사 결과 관광지의 유동인구가 엄청나게 늘어나고 있었다. 하지만 주변에 변변한 카페가 거의 없었다. 그녀는 확신을 가지고 빚을 내서 땅을 사고 건물을 지었다. 김현영 사장님의 예상대로 관광지에 놀러와서 마땅히 쉴 곳을 찾지 못한 손님들이 카페로 몰려들었고 우연히 연예인이 들러 언론에 공개되면서 이제는 명소가 되었다.

김현영 사장님은 카페 업의 본질을 공간, 즉 부동산에 있다고 봤다. 이것은 그녀가 한 달간 조사를 해서 알아낸 것이다. 사실 이 정도의 성공은 숫자를 알면 너무나 당연하게 해낼 수 있다.

그 후 그 지역은 관광객이 몰리면서 부동산 가격이 엄청나게 뛰었고 그녀의 가게도 커피를 팔아서 번 돈보다 부동산으로 더 많은 돈을 벌었다.

스타벅스 같은 세계적인 카페도 임차료에 돈을 가장 많이 쓴다. 대부분의 카페는 위치가 가장 중요하기 때문이다. 스타벅스의 원가구조를 보자. 강남 카페에서 파는 커피 한 잔의 원가는 2500원 정도 된다. 재료비(원두)가 200원, 노무비가 500원, 기타 경비가 1800원으로 기타 경비가 70퍼센트 이상이다. 재료비가 적다고 엄청난 이익을 벌 것이라고 생각하는 사람이 있다면 임차료를 제외하고 생각하는 것이다. 기타 경비 중에서 임차료가 1300원으로 총 원가의 50퍼센트를 차지하는 것을 보면 스타벅스는 매장위치가 가장 중요한 업의 본질임을 알 수 있다. 즉 카페는 커피를 파는 곳이 아니라 공간을 파는 곳이다.

장사를 잘하는 사람들에게 업의 본질을 직접 물어보는 것도 좋은 방법이다. 아마 제품, 마케팅, 위치 등과 그것을 위해 얼마나 지출해야 하는지, 경쟁사는 어디고 그 경쟁사는 어느 정도 그쪽에 지출하는지, 경쟁사에 비해 우리 회사의 차별성은 무엇인지, 고객은 누구고 고객이 우리 제품이나 서비스를 선택하는 기준은 무엇인지 질문리스트를 만들어서 물어보기만 해도 큰 도움이 될 것이다. 반드시 구체적인 숫자로 대답을 들어야 한다. 가게 사장님일지라도 감으로 대답해버리거나 아예 업의 본질을 잘못 알고 있는 경우가 있으니 이럴 경우에는 구체적인 숫자로 확인하면서 조사해보라. 그러면 잘되는 부분은 물론 안되는 부분까지 잘 보이고 그 회사가 무엇을 팔아서 돈을 버는지도 한눈에 들어온다.

자산과 비용

손님이 없어도 망하지 않는 가게

우리 동네에는 규모가 작은 슈퍼마켓이 있다. 5년 전까지만 해도 어느 정도 장사가 되었는데 바로 앞에 대형 마트가 생기면서 손님의 발길이 끊겼다. 전혀 장사가 잘될 것 같지 않았다. 그렇다고 그 슈퍼마켓이 차별성 있는 물건을 파는 것도 아니었고 설상가상으로 그런 노력도 하지 않는 것 같았다. 나는 그 앞을 지나면서 매번 저 슈퍼마켓이 곧 망할 거라고 예상했지만, 5년이 지난 지금까지도 잘 유지되고 있다.

슈퍼마켓뿐만이 아니다. 해안도로를 지나다 보면 해안가를 따라 최근에 지은 펜션들이 즐비하게 늘어서 있다. 어느 지역이나 그렇듯이 경기가 나쁘면 관광객이 감소하고, 그에 비해 숙박업소는 많으니 펜션들이 죽을 맛이다. 펜션들이 문을 닫고 경매로 나오고 있는 상황에서 꿋꿋이 영업을 하고 있는 펜션들이 간혹 있다. 물론 손님이 없기는 마찬가지지만, 그들은 그다지 개의치 않는다.

손님이 없어도 버티는 가게들의 비결은 어디에 있을까?
아는 분 중 부동산 중개업을 하는 분이 있다. 이 사장님은 얼마 전 2층짜리 건물을 크게 지어 1층은 식당으로, 2층은 빌라로 임대했다. 나는 건물의 개업식에 가서 사장님과 이야기를 나누면서 그분이 돈 버는 법을 알게 되었다. 사장님은 건물 옆으로 큰 길이 날 것을 미리 알고 땅을 매입하여 수년간 보유하고 있다가 길이 나자마자 자기 돈으로 건물을 올리고 식당과 빌라를 임대했다. 길이 나면 땅값이 더 올라간다. 사장님은 실질적으로 경영을 하지 않으므로 식당 장사가 안 되더라도 임대료만 받으면 되었다. 게다가 주변에 건물이 더 들어선다면 부동산가치는 엄청나게 올라갈 수 있다. 사장님은 허허벌판에 건물이 없는 맨땅을 갖고 있으면 땅값을 높게 쳐주지 않는다는 것을 알고 형식적으로 건물을 지어놓고 장사를 하고 있었던 것이다. 실제로 건물이 있는 땅과 아무것도 없는 땅에는 세금 차이도 많다. 맨땅은 투기성으로 보지만 건물이 있다면 사업에 쓰는 땅으로 보아 세금이 줄어들기 때문이다. 장사가 잘되지는 않았지만, 차입금이 없기 때문에 밥만 먹을 수 있다면 운영하는 데에는 전혀 어려움이 없었다. 또 사업 목적으로 운영하는 땅이니 세금도 투기용 부동산에 비해 아주 적었다.

펜션을 운영하는 박찬수 사장님은 철저하게 부동산의 가치를 따져가며 일을 하는 분이다. 그의 펜션은 공항에서 거리가 멀고 최근 주변에 규모가 큰 펜션들이 늘어난 탓에 손님이 많지 않았다. 다른 펜션들에 비하면 인지도도 떨어져 객실 점유율도 낮았다.

객실 점유율이 낮다 보니 항상 직원들은 매출 걱정뿐이었다. 실제로 손익계산서를 보면 적자투성이였다. 그런데도 펜션은 계속해서 유지되었고 정작 박찬수 사장님은 그렇게 걱정도 하지 않는 듯했다. 박찬수 사장님은 매일 정원에서 태연하게 나무를 심고 있었다. 농사꾼 출신이어서인지 펜션 운영보다는 농사짓는 일을 더 재미있게 생각하는 것 같았다.

"사장님, 객실 점유율을 높이기 위해서 뭔가 해야 하지 않을까요?"

"판촉팀을 만들어서 프로모션도 하고 광고도 하고 손님을 유치하기 위한 전략을 다해야 할 것 같습니다."

"우리 펜션은 가격이 너무 비쌉니다. 유명 호텔도 비수기 때는 10만 원에 나오는데 우리는 20만 원을 고집하고 있습니다. 우리도 10만 원 정도로 가격을 인하해야 객실 점유율을 높일 수 있습니다."

직원들이 나서서 이렇게 사장님에게 이런저런 이야기를 해도 박찬수 사장님은 별로 귀담아 듣지 않았다.

직원들은 결국 회계사인 내게 자꾸 사장님을 설득해달라고 부탁했다. 회계사 수수료도 몇 년치가 밀려 있었기에 수수료를 받으려면 펜션 영업이 잘되어야 하지 않겠느냐고 했다. 나도 직원들의 말이 맞다고 생각해 사장님을 만나 이 문제를 꺼냈다. 그러자 사장님은 조근조근 이야기를 풀어놓기 시작했다.

"회계사님, 우리 펜션의 객실이 10객실 정도 되는데 이 객실을 20만 원에 내놓고 있습니다. 경쟁사보다 가격이 비싸니까 객실 점유율이 30퍼센트 정도밖에 안 되고 있죠. 그런데 직원들 말처럼 우리가 10만 원으로 가격을 인하하고 프로모션을 많이 한다면 어떻게 될까요?"

"아무래도 점유율이 높아지고 매출도 상당히 늘어나지 않겠습니까?"

"맞아요. 그런데 얼마나 마진이 남느냐가 문제입니다. 10만 원으로 가격을 내리고 프로모션을 정말 잘해서 10객실을 다 판다고 가정하면 매출이 100만 원은 되겠지요. 이것이 우리 최대 매출입니다. 그러나 이 정도를 벌어서는 운영비와 감가상각비를 감당하기가 힘듭니다."

사장님은 농사꾼 출신이고 회계도 공부해본 적이 없지만 이미 회계학적 사고를 갖고 있었다.

사장님의 말씀은 맞았다. 그 펜션을 짓는 데에 10억 원 이상이 들었다. 하지만 펜션을 10년 정도 사용하면 다시 리모델링을 해야 한다. 즉 펜션을 10년 사용하면 1년에 1억 원이 감가상각비로 떨어지고 한 달이면 1000만 원, 하루에 30만 원 이상의 감가상각비가 계속 발생하는 것이다. 인건비를 포함하여 청소비, 공과금 등이 추가로 매일 100만 원 이상씩 발생하고 있기 때문에 아무리 객실을 다 채워봐야 적자가 날 수밖에 없는 구조였다.

다른 대기업 호텔들의 재무제표를 보면 상품매출이나 식음료 매출이 아주 높은데 이것은 객실 수입보다 면세상품이나 식음료에 중점을 두고 있다는 것을 말한다. 호텔이지만 객실 외의 것들로 영업이익을 내는 것이다.

그 펜션은 면세상품을 팔 수도 없었고, 식음료로 수입을 늘리기에는 지리적인 한계점이 있었다. 일반적으로 숙박업에서는 총 매출액 중 객실 매출이 30퍼센트 이하고 나머지 부분들의 매출이 높아야 하는데 우리나라 대부분의 숙박업체들은 거꾸로 객실 매출이 총 매출의 70퍼센트 이상을 차지하고 있어서 적자구조를 면치 못하는 경우가 많다. 구조적으로 이익을 내기 힘든 것이다.

박찬수 사장님은 말을 이어나갔다.
"내가 나무를 심으면 우리 펜션의 조경이 좋아지고 그러면 펜션의 가치는 수백만 원 정도가 올라갑니다. 나무 한 그루의 가치가 수백 만 원인 셈이죠."
실제로 박찬수 사장님이 공을 들인 펜션의 조경은 정말 최고였다. 나무 한 그루를 심는 데 필요한 인원은 사장님 혼자였다. 나무는 원가도 거의 없었고 가끔 사장님을 거들어서 도와줄 인부 2명 정도가 필요한데 그 지역에 놀고 있는 농사꾼들이 많이 있어서 하루 일당 조금에 소주 한 잔 사주면 일꾼을 모으는 것은 일도 아니었다. 모두 비정규직이므로 노사문제도 없었고 복리후생비도 따로 들어가지 않았다. 스펙이나 다른 자격증도 필요 없고 그저 힘 좀 쓴다는 청년이면 자격요건은 충분했다.

사장님은 나에게 물었다.

"회계사님이라면 나무를 심겠어요? 방을 팔겠어요?"

나는 주인에게 끌려가는 개처럼 순종하며 말했다.

"나무를 심겠습니다."

사장님과 대화한 이후, 이 펜션의 부동산 가치가 재평가되었는데 재평가 차익이 굉장히 컸다. 아마 사장님이 수년간 조경가치를 높이는 데 심혈을 기울인 결과일 것이다. 그 사장님은 앞으로 몇 년 내에 펜션을 팔 계획이라고 했다. 일단은 부동산가치를 높여가면서 높아진 부동산가치를 담보로 대출을 받아 이 차입금으로 펜션을 유지하고 있었다.

망하지 않는 슈퍼마켓이나 펜션들의 비결은 부동산가치였다. 그들은 업의 본질을 부동산가치에 두고 있었던 것이다. 장사를 하는 것은 표면상의 돈벌이였다. 물론 이러한 전략을 세우려는 차입금이 없어야 한다는 전제조건이 필요하다.

그렇다고 숙박업의 가치가 무조건 부동산가치라는 것은 아니다. 회사별로 차이가 있을 수 있고 핵심가치가 다를 수 있다. 그리고 시간이 흐르면서 바뀔 수도 있다. 내가 여기서 말하고자 하는 것은 돈 버는 방식을 단순히 매출로만 따져서는 안 된다는 것이다. 때문에 가게의 수익을 창출하는 것이 무엇인지 항상 관심

있게 보아야 한다.

자영업자나 소기업 업종들의 속사정을 알려면 현장 조사밖에 할 수 없지만 어느 정도 규모가 되어 외부감사를 받는 회사들은 재무자료가 전자공시시스템에 공시되어 있으므로 누구든지 볼 수 있다. 규모의 차이만 있을 뿐 큰 회사나 자영업자나 업의 본질은 같기 때문에 큰 회사를 분석하는 것도 한 방법이다.

특히 제품을 만드는 곳에서는 원가관리 쪽이 업의 본질을 가장 잘 파악할 수 있는 부분이다. 원재료의 비중이 높은지, 노무비나 경비가 비중이 높은지, 판매비나 광고비 등 어느 쪽이 비중이 높은지를 확인해보면 그 가게가 돈 버는 핵심 노하우를 알 수 있다. 부동산업종이라면 땅이 큰 숫자일 것이고 금융업이라면 대출이나 차입금이 큰 숫자일 것이다. 신용업종이라면 외상매출금이 큰 숫자일 것이고 서비스업종이라면 인건비가 큰 숫자일 것이다. 업의 본질이 명확한 회사일수록 큰 숫자가 잘 보인다. 이 숫자가 어떻게 변화하는지를 볼 줄 안다면 장사의 핵심을 빨리 잡을 수 있다.

현금경영

이익이 나는데도
통장이 마이너스인 이유

　장사하는 사람들이 회계사가 만든 장부를 볼 때 가장 잘 이해하지 못하는 것이 이익과 현금의 차이다. 보통 현장에서 외상으로 물건을 팔아도 장부에는 매출과 이익으로 기록한다. 하지만 사장 입장에서는 돈이 안 들어온 것은 실질적인 매출이 아니다.
　또 다른 예를 보자. 물건을 사와서 아직 팔지 않고 창고에 있는 재고는 팔린 것이 아니므로 이익이나 손실이 아니다. 하지만 사장 입장에서는 재고를 사느라 돈이 나갔기 때문에 지출의 부담이 있다.
　일반적으로 가게가 잘되어 많이 번 것 같은데도 통장에 돈이 없는 이유는 매출이 적어서라기보다는 매출채권과 재고자산 관리에 문제가 있기 때문이다.

고객사 중 오리고기를 유통하는 오리천국이라는 회사가 있다. 이 회사 사장님은 세 명이다. 장사를 시작할 때 함께 동업을 한 것이다. 동업계약에서 제일 중요한 부분이 수익분배고 이에 대한 명확한 기준이 필요하기 때문에 이들은 1년 단위로 계약을 하기로 하고 3분의 1 정도로 지분을 갖기로 했다. 서로의 장점과 역량이 다 다르고 그것을 정확하게 평가하는 데 어려움이 있기 때문에 가장 간편한 방법을 택했다. 그런데 사업을 시작하고 나서 직원들이 자주 건의했던 것 중 하나가 동업한 사장님 중 한 명의 거래처는 대금 청구만 하면 사장님과 직접 이야기하겠다고 해버린다는 것이었다. 그렇다고 사장님이 물건값을 어떻게 이야기했는지 따로 말해주는 것이 아니므로 직원들은 청구하기도 그렇고 매번 사장님한테 물어보기도 그렇고 해서 그냥 그런 거래처는 납품만 해주고 대금은 관심 밖으로 내버려두었다. 그런데 1년이 지나서 정산을 해보니 큰 문제가 있었다. 그렇게 따로 사장님과 이야기하겠다는 거래처의 경우 미수금이 너무 많아 현금으로 들어온 금액은 별로 없었던 것이다.

이는 지역사회의 특성 중 하나다. 아는 사람 간에는 대금을 생략하고 그냥 술 한 번 먹는 것으로 끝내는 경우가 종종 있는 것이다. 이럴 경우 실제로 회사에는 도움이 안 된다. 장사에서 중요한 것은 물건을 파는 것보다 돈을 받는 것이다. 물건을 팔거나 서비스를 제공하고도 돈을 받지 못했다면 아직 완전히 일을 다한 것이 아니다.

또한 제조업이나 유통업처럼 마진율이 적을수록 외상대금 관리가 중요해진다. 보통 매출을 올리려면 외상판매를 하는 것이 유리하다고 생각할 텐데 절대 그렇지 않다. 금강산이라는 식품 제조업을 하는 김종현 사장님은 현금을 받지 않으면 절대 납품을 하지 않는다. 주로 식당들에 식품을 납품하는데 1~2년 안에 업종을 변경하거나 망하는 경우가 많으니 마지막 달 납품대금은 못 받는 경우가 많았던 것이다. 제조업 마진율이야 뻔한데 1~2년 납품하고 마지막 달 납품대금을 못 받으면 그동안 장사한 것이 헛장사나 다름없다.

그래서 김종현 사장님은 매출을 포기할지라도 현금판매만 고수한다. 매출채권관리의 중요성을 경험을 통해 터득한 것이다.

현금경영

외상 거래 안 합니다

장사에서 현금이 중요하다고 생각은 하면서도 실제로는 현금 기준의 룰을 무시하는 사장님이 많다.

우리 회사는 매출기준으로 직원들의 실적을 매겼던 적이 있다. 그랬더니 직원들은 얼마나 일을 많이 할 것인가에 집중했다. 매출을 늘리기 위해 대금회수는 그다지 신경을 쓰지 않았고 오히려 외상거래처로 매출을 확대하곤 했다. 회계컨설팅회사에서 외상거래는 치명적인 독이다. 앞에서 본 것처럼 현금은 안 들어오는데 인건비는 현금으로 나가기 때문이다. 좀 심하게 말하면 외상으로 일을 할 바에는 차라리 일을 하지 않고 직원 인건비를 절약하는 편이 나을 수도 있다.

외상이 가장 문제가 커지는 때는 불황이 닥칠 때다. 모르는 사람들은 종종 회계사를 보면서 불황이 없는 업종이라서 좋겠다고 한다. 아무리 경기가 나빠도 세무신고는 해야 하므로 회계사를 찾을 것이라고 생각하기 때문이다. 그러나 우리 회계업에도 불경기의 여파는 그대로 느껴진다. 경기가 안 좋으면 부도가 나서 거래처가 아예 리스트에서 사라지는 경우도 있고, 무엇보다 컨설팅 수수료를 지급하지 못하니 미수금이 늘어난다. 오히려 불경기에는 손님이 없어서 힘든 업종보다 자금관리 면에서 더 힘들다. 경기에 상관없이 세무신고를 해야 하므로 인건비는 나가고 컨설팅 수수료는 제때 안 들어오니 현금수입이 줄어들어 현금수지가 적자가 되곤 한다.

그래서 무형의 서비스를 제공하는 회계서비스업은 채권관리를 잘해야 한다. 일하고도 돈을 받지 못한다면 차라리 노는 것이 낫다. 그런데 대부분의 사람들은 일하는 방법만 열심히 고민할 뿐 돈을 받는 일은 방치한다. 그냥 상대가 알아서 주길 기대한다. 경기가 좋지 않을수록 알아서 주는 고객은 거의 없다. 돈을 받는 것도 기술이고 전략을 세워 움직여야 회사의 현금흐름이 원활해진다.

회계컨설팅회사들 중에는 이런 문제를 보완하기 위해 성과평가를 현금매출액으로 평가하기도 한다. 가령 A회계사와 B회계사가 똑같이 1억 원어치의 일을 했다고 치자. 매출만 본다면 성과는 똑같다고 볼 수 있다. 그러나 컨설팅회사에서의 성과는 수수료 지급시기에 따라 달리 평가될 수 있다. 예를 들어 A회계사는 컨설팅 수수료를 바로 회수했고 B회계사는 컨설팅 수수료를 1년 후에 회수했다면 성과는 완전히 다른 것이다. A회계사가 수수료를 바로 회수해서 최소한 1년 동안 은행에만 넣어두었어도 이자 수익 정도는 더 얻을 수 있다. 이 경우 성과평가를 할 때 A회계사는 1억 원 전체를 해주지만 B회계사는 1년 동안의 이자비용을 기회비용으로 계산해서 성과에서 차감한다. 이때 회계컨설팅 회사에서 정하는 이자는 사채 이자 수준으로 거의 50퍼센트에 육박한다. 즉 1억 원의 이자 5000만 원을 차감한 나머지 5000만 원으로 B회계사의 성과를 평가하는 것이다. 이자율이 이렇게 높은 이유는 대손 가능성까지 감안했기 때문이다. 성과평가제도를 시행한 후에는 대금 회수보다 일 자체에 관심을 갖던 직원들이 일을 하기 전에 고객이 대금을 언제 줄 것인지, 또 대금을 줄 수는 있는 고객인지를 먼저 보고 일을 하기 시작했다. 돈을 받기 위해서 더욱 회계서비스에 신경을 쓰니 서비스의 질도 좋아졌다. 또 돈을 안 주는 거래처는 과감히 정리하기 시작했다.

외상대금 관리가 핵심인 업종이 또 있다. 술장사와 카드사다. 술집 마담이 장사를 잘하느냐 못하느냐는 외상술값을 얼마나 잘 받아내느냐에 달려 있고 카드회사도 부실채권과 연체율 관리를 얼마나 잘하느냐에 성공이 좌우된다. 자산의 대부분이 외상대금인 회계컨설팅회사와 카드사, 술장사는 모두 업의 본질이 비슷하다. 그래서 나는 카드도 안 쓰고 술도 못 먹지만 카드사 직원들이나 술장사를 하는 사장님들과 이야기하기를 좋아한다. 내가 몰랐던 외상대금 관리 방법까지 얻을 수 있기 때문이다.

제4장

장사를 했으면 이익을 내라

투자수익률과 회전율

이익을 내는
장사 노하우

김민주 사장님은 시내에서 20분 정도 떨어진 외곽지역에 태국 요리 전문점을 오픈했다. 불경기에 장사를 시작했는데도 1일 매출이 100만 원은 되었고 워낙 원재료비가 적게 들어가는 음식이라 마진율이 50퍼센트는 나왔다. 원재료비는 매출의 15퍼센트 수준까지 떨어지기도 했는데 그것은 사장님이 친환경 농수산물 유통업을 함께 하고 있었기 때문이었다. 친환경 농수산물은 특성상 조금만 상처가 나거나 규격품 기준에 미달하면 납품하기가 어렵지만 실제 영양이나 음식재료로는 전혀 문제가 없다. 이렇게 원재료 상태로 팔 수는 없지만 가공을 하면 아무 문제가 없어지는 하자품을 식당에서 사용하니 원재료 비율을 거의 절반 수준으로 절약할 수 있었던 것이다.

  이 태국요리점은 개업 1주년을 기념해서 메뉴를 새로 리뉴얼 했다. 그리고 나서 그동안 식당을 찾았던 단골들에게 보답을 하기 위해 기획뷔페를 열었다. 김민주 사장은 뷔페는 처음이라 고민을 많이 했다. 먼저 객 단가를 설정하는 것이 가장 큰 고민이었다. 음식을 테이블에 직접 운반하는 안락카트로 보았을 때 테이블당 매상이 4만 2000원 정도였고 한 테이블에 평균 3명 정도가 식사한다고 치면 객 단가는 1만 4000원 정도로 계산되었다. 뷔페라면 음식을 약간 더 먹을 것이기 때문에 1인당 뷔페가격을 1만 6900원으로 책정했다.

  술을 즐겨먹는 사람들은 외곽으로 나오는 것을 꺼리기 때문에 반드시 차를 가지고 와야 하는 이 식당은 금요일 저녁에 가장 손님이 적었다.

  그래서 기획뷔페를 1주년이 되는 금요일 저녁과 토요일 점심·저녁으로 잡았다. 김민주 사장님은 단골 고객들 1500명에게 문자메시지를 돌렸다. 예상보다 훨씬 많은 예약이 밀려들었고 굉장히 성공적이었다. 예약문의가 많아 금요일 저녁 식사시간에 2회전을 할 수 있도록 6시~7시 30분, 7시 30분~9시로 나누어 예약을 받았다. 25개 정도 되는 테이블 예약이 모두 찼기 때문에 저녁 장사만으로 50개 테이블에서 매출이 발생할 수 있었고 테이블당 단가를 4만 원 정도로 잡으면 한 끼 장사로 200만 원이 넘는 매출을 달성할 수 있었다.

그러나 김민주 사장님은 이날 그동안 장사해온 날 중 가장 혹독한 시련을 겪었다. 예약손님들이 몰려든 것만으로도 정신이 없는데 두 번째 타임인 7시 30분에 예약한 사람들이 대기표를 받고 기다려야 하는 상황이 발생한 것이다.

우선 1시간 30분 안에 손님들이 일어난다는 가정 자체에 문제가 있었다. 보통 안락카트로 음식을 나를 때에는 1시간이면 식사를 끝내고 일어나던 손님들이 뷔페에 오니까 1시간 30분이 지나도 일어날 생각을 하지 않았다. 안락카트 때보다 손님들이 약간 더 먹기도 했지만 정작 중요한 문제는 음식이 제때 나오지 못하는 것이었다. 평소에는 주문하면 5~10분 안에 음식이 나올 정도로 음식 준비가 빨랐는데 이 날은 테이블이 만석인 데다가 사람들도 음식이 떨어질까 봐 평소 먹는 양보다 더 많이 접시에 담았고, 그러다 보니 내놓기가 무섭게 음식이 떨어졌.

일은 바쁜데 평소의 주방 인력으로 음식을 만드니 음식 공급이 늦어지고 대기 시간은 점점 길어졌다. 태국요리의 특징은 음식을 해서 바로 먹지 않으면 맛이 급격히 떨어지기 때문에 음식을 미리 준비해놓지 못한다는 한계도 있었다. 또 각 테이블에 접시와 포크, 숟가락을 세팅해놓았는데 대부분의 손님들이 습관적으로 음식 주변에 놓여 있는 숟가락과 접시를 사용했고 그러다 보니 접시 사용량이 훨씬 늘어나 설거지를 하는 데 시간이 배로 걸렸으며, 접시와 음식이 떨어져 기다리는 시간은 더 지연되었다.

결국 1시간 안에 음식을 먹고 담소까지 나누고 나오던 사람들이 1시간 30분이 넘어서도 아직 음식을 찾으러 다니며 줄을 서는 사태가 발생했고, 2부 타임에 예약한 손님들이 자리가 없어 문전성시를 이루면서 식당은 아수라장이 되었다.

1부 타임에 온 손님들이 접시와 음식이 없다고 불평을 하고 2부 타임에 온 손님들은 왜 예약을 하고 왔는데 자리가 없느냐며 따지자 김민주 사장님은 공황 상태에 빠졌다. 김민주 사장님은 "단골손님들을 초청해놓고 창피한 모습을 보인 것 같아 너무 죄송하다"라고 손님들을 달랠 수밖에 없었다. 나도 가족과 함께 갔다가 분주한 분위기를 보고 서둘러서 먹고 나오느라 사장님과 인사도 제대로 나누지 못했다.

다음날에는 미리 준비할 수 있는 음식은 최대한 준비해서 마련하고 접시와 포크도 뷔페식으로 음식 테이블 옆에만 배치했다. 다행히 다음날에는 음식과 접시만 제대로 제공했는데 아무런 무리 없이 2회전을 해냈고 이틀 동안 약 900만 원의 매출을 올릴 수 있었다.

나는 앞으로 이런 문제점을 방지하기 위해 단순히 예약만 2부로 받지 말고 아예 테이블을 1부와 2부로 나누어서 재배치하도록 조언했다. 즉 1부에 오는 손님은 5시 30분~7시까지 이용할 수 있고 2부에 오는 손님은 7시 30분~9시까지 이용할 수 있도록 시간을 구분해버리는 것이다. 2부에는 새 음식으로 세팅을 해야 하기 때문에 1부에 예약한 손님은 시간이 되면 자리를 비워야 하며 시간이 늦어서 오는 손님도 1부 마감시간에 맞춰 식사를 끝내야 한다. 사전에 예약을 받을 때부터 공지가 된 사항이므로 손님들은 정해진 시간 내에 먹고 나가는 것이 의무임을 알고 오게 된다. 1부가 끝나면 식당은 2부를 준비하기 위해 테이블을 정리하고 부족한 음식을 보충하는 시간을 가질 수 있다.

물론 이렇게 회전율을 높이려면 음식의 품질을 더 높이는 등 방법을 써서 손님 수를 늘리는 것이 전제가 되어야 한다. 손님 수가 적으면 회전율을 높이는 것이 무의미하기 때문이다. **장사를 했으면 이익을 내야 하고 이익을 내는 데 가장 중요한 것은 투자 대비 수익률을 높이는 것, 즉 회전율을 어떻게 높일 것인지의 문제다.**

투자수익률과 회전율

일부러 손님을
줄 세우는 가게

나는 아서원이라는 중국요리 음식점의 10년 단골이다. 여름이면 일주일의 절반은 거기에서 점심식사를 해결한다. 어떤 때는 가게 종업원보다 내가 출근하는 날짜가 많을 때도 있다.

이 가게는 20년이 넘어 아주 허름한 데다 장소도 협소하여 시설이나 환경만 보면 전혀 가고 싶은 곳이 아니다. 또 사장님이 대만 분인데 굉장히 쌀쌀맞다. 한마디로 겉으로 봐서는 전혀 가고 싶지 않은 가게다. 그런데도 점심시간만 되면 사람들이 줄을 서서 기다린다. 좀 유명하다 싶은 사람들도 종종 만날 수 있다.

처음 갔을 때 중국집인데도 사람들이 짜장면이나 짬뽕 대신 처음 보는 음식을 먹고 있어 매우 놀랐다. 물어보니 냉우동이란다. 나는 우동을 별로 좋아하지도 않는 데다가 국물 색깔이 왠지 맛있어 보이지 않아 거부감이 들었다. 그런데 분위기에 휩쓸려 일행들과 한 가지 메뉴로 통일하다 보니 냉우동을 시키게 되었다. 나처럼 우동을 별로 좋아하지 않는 사람이라면 이런 경우에 면만 건져먹고 국물은 전부 남기기 마련이다. 역시나 면만 골라 먹고 있는 나의 모습을 매의 눈으로 살펴보던 주인이 우리 테이블로 와서 퉁명스럽게 한마디를 던졌다.

"우리 집 냉우동은 국물이 진짜인데……. 이 총각은 우리 집 냉우동을 먹을 자격이 없네."

나는 자격이 없다는 말에 약간 상처를 받았다. 식당에서 음식 먹는데 자격증까지 따서 먹어야 하는가. 아무리 국물이 맛있어도 내가 싫어하면 먹지 않을 수도 있는 것이고, 원래 냉우동을 싫어하지만 억지로 먹고 있는데 국물 좀 남겼다고 자격이 없다는 말까지 들으니 억울했다. 열심히 공부해서 공인회계사 자격증을 딴 것에 자부심이 있었는데, 이 자격증은 그 식당에서 냉우동을 먹을 때는 전혀 쓸모가 없었다. 사장님이 너무 자기 음식에 자신감을 가지고 있는 듯 구는 것도 심기가 불편했다. 그래도 한 가지 위안은 아이가 넷이나 딸린 나를 총각이라고 불러준 것이었다. 식사가 끝나자 식당 주인이 또 와서 이렇게 말했다.

"식사를 마쳤으면 일어나 주시겠어요? 손님들이 기다리고 있어서요."

밖을 보니 손님들이 길게 줄을 서 있었다. 손님들이 목을 빼고 나만 바라보고 있지만 않았어도 주인장에게 뭐라 싫은 소리를 했을 것이다. 하지만 손님들과 주인 모두 한통속인 분위기였다. 줄 서 있는 손님들은 내가 언제 일어날지만 노리고 있었다. 손님들이 내 편을 들지 않을 것 같아 그냥 참을 수밖에 없었다. 그리고 다음에는 절대로 이 식당에 오지 않겠다고 다짐하며 나왔다.

나는 특히 서비스 마인드가 부족한 식당은 잘 안 가는데 이 식당은 그런 식당이었고, 그 이후 1년간은 가지 않았다. 그런데 직원들이 우연히 회식장소를 그쪽으로 잡는 바람에 다시 그 식당에 가게 되었다가 그때 냉우동 국물을 제대로 먹어보고 그 이후에는 열렬한 팬이 되었다. 잘 모를 때는 불친절하게 보이더니 몇 번 가니까 사장님이 알아보고 아주 친절하게 대해주셨다.

아서원의 냉우동은 땅콩국물이 아주 일품이다. 보통 땅콩국물을 아무리 우려내도 육수와 혼합이 되어 맛을 내기란 참으로 어려운 일이다. 보통 식당이나 일류 호텔에서 땅콩으로 육수를 우려낸 음식을 먹어보면 물위에 기름이 뜬 것처럼 국물과 땅콩맛이 따로 논다는 느낌이 드는데 이곳은 완벽하게 두 맛이 어우러

져 사람들의 입맛을 흔들어놓는다.

 그런데 음식이 맛있는 집은 단점이 있다. 일행과 자리에 앉아 오래 이야기를 할 수가 없다. 점심시간에는 대부분 줄을 서서 먹어야 하고 또 식사가 끝나면 곧바로 일어나야 한다. 나는 그래서 길게 이야기할 필요가 없는 사람과 식사를 해야 할 경우 일부러 아서원에서 만나자고 하기도 한다.

 아서원은 장사가 잘되니까 저녁 8시까지만 장사를 하고, 낮에도 3시~5시는 문을 닫으며 주말에도 문을 열지 않는다. 맛있는 집이 대부분 그렇듯이 배달도 하지 않는다. 그래서 봄만 되면 고객들을 데리고 아서원으로 간다. 그리고 항상 미리 정보를 준다. 이곳은 줄을 서서 먹어야 하고, 또 먹고 나면 기다리는 손님을 위해서 빨리 일어서주는 것이 예의며, 냉우동을 먹을 때는 꼭 국물을 다 마셔야 한다는 것도 강조한다. 그렇지 않으면 주인장으로부터 냉우동 먹을 자격이 없다는 말을 들을지도 모르니까 말이다. 줄 서서 기다렸다가 먹어야 하는 집은 음식 맛에 대해 객관적으로 보증을 받고 있다는 것을 의미하기도 한다.

 단골이 된 지금은 음식 맛을 즐기기 위해 그곳에 간다. 그리고 손님이 많다는 것을 알기 때문에 음식을 먹고 나면 곧바로 일어나 근처 카페에 가서 이야기를 한다. 이곳은 영업시간이 아주 짧지만 점심시간 회전율이 높다. 바쁜 시간을 피하기 위해 한 시간 일찍 가거나 아예 점심시간을 피해서 1시 이후에 오는 사람도 많다. 그렇게 3시간 정도는 점심 장사를 하면서 20분 이내로 회전이 되기 때문에 짧은 영업시간에도 불구하고 수익성이 보장된다. 이 식당은 손님을 내보내기 위해서 손님을 잘 활용한다. 집주인이 나가라고 하지 않아도 손님들 스스로가 줄을 서 있는 사람들을 보고 빨리 먹어야겠다는 생각을 하게 되고 다 먹으면 당연히 서둘러 일어나야 한다고 생각한다. 줄을 서 있는 손님들은 어느 테이블의 손님이 몇 분 후면 다 먹을지를 날카로운 눈으로 지켜보면서 빨리 먹으라는 눈치를 준다. 그러다 보니 저절로 회전이 빨라진다.

장사의 핵심은 한정된 투자금으로 최대의 수익을 내는 것이므로 수익률을 높이기 위해서는 투자금을 줄이거나 회전율을 높여 수익을 올리는 것이 가장 좋은 방법이다.

이렇게 한정된 시간과 공간으로 회전율을 높이는 방법은 업종별로 다양하게 활용되는데 가장 대표적인 곳이 맥도날드 같은 패스트푸드점이다.

왜 맥도날드에는 푹신한 의자가 없는 걸까? 기업은 고객이 가장 만족할 수 있도록 서비스하는 것이 당연한데 맥도날드를 비롯한 패스트푸드점의 의자는 하나같이 불편하기만 하다. 하지만 이것이 맥도날드의 전략이다. 맥도날드는 패스트푸드를 파는 곳이기 때문에 손님의 빠른 순환이 중요하다. 내가 패스트푸드점에 들러서 한 시간을 머무른다 해도 햄버거 한 개와 음료수 한 잔이고, 20분을 머무른다 해도 햄버거 한 개와 음료수 한 잔밖에 먹지 못한다. 맥도날드의 입장에서는 20분 만에 먹고 나가는 것이 낫다. 빠른 음악을 틀어놓고 주변을 산만하게 만드는 것도 회전율을 높여서 많이 팔기 위한 방법으로 볼 수 있다.

푹신하고 안락한 의자를 놔두면 손님들이 오랫동안 앉아 있고 싶다는 심리가 생기고 식사가 느긋해진다. 반면에 딱딱하고 불편하고 좁은 의자를 놔두면 빨리 먹고 여길 떠나야겠다는 생각이 들어 빠른 순환에 도움을 준다.

그래도 꿋꿋이 버티는 손님들을 대비해 인테리어도 눈을 피곤하게 만들었다. 노란색과 빨간색으로 도배가 되어 있는 가게에 20분 이상 앉아 있으면 눈이 피로해지고 종업원들도 원색 옷을 입고 이리저리 돌아다니기 때문에 얼른 먹고 나가고 싶어진다.

한정된 식사 시간대에 많은 고객을 집중적으로 공략해야 하는 맥도날드의 경우에는 고객의 회전율을 높여서 매출을 극대화하는 전략이 효과적인 것이다.

투자수익률과 회전율

기다리는 손님을
즐겁게 하라

 회전율은 모든 장사에서 고민해야 할 문제이고 돈을 벌어다 주는 가장 중요한 원칙이다. 맛이 아주 뛰어나다면 손님들이 자진해서 기다리겠지만 그래도 웬만하면 기다리는 손님들을 지겹게 만들지 않아야 한다.

 회사를 차리기 전 회계법인에 근무할 때 회사 근처에 '바둑집'이라는 허름한 식당이 있었다. 모르는 사람은 절대 찾아가지 못할 만큼 시장통 구석에 있는 식당이었다. 사람 한 명이 지나가기도 힘들 정도로 좁은 골목길로 들어가 건물 2층에 올라가면 권투장이 있어 그 안쪽에 식당이 있을 거라 예상하기조차 쉽지 않다. 권투장을 끼고 돌면 간판도 없고 판자문이 덩그러니 있다. 안쪽 상황이 전혀 보이지 않지만 아는 사람들은 자연스럽게 이 허름한 판자문을 열고 들어간다. 그러면 6·25 전쟁 당시에나 사용했을 법한 나무 테이블 몇 개를 놓고 그 위에 합판을 얹어서 테이블을 만들어놓은 식당이 나타난다. 사람들은 그 좁은 공간에 모여 옹기종기 식사를 한다. 회계사들이 평소의 깔끔한 이미지를 다 버리고 난민처럼 모여 앉아서 먹는 모습이 참 생소하지만 한번 그 맛을 보고 나면 그런 고정관념도 다 날아가버린다.

메뉴도 김치찌개와 된장찌개 두 가지뿐이다. 메뉴를 주문할 때도 둘둘, 하나둘, 이런 식으로 주문을 한다. 뭐가 두 개이고 무엇이 한 개인지 모르지만 습관적으로 그렇게 시키는 듯하다. 그러면 음식이 알아서 나오고 손님들은 자신들이 시킨 메뉴가 맞는지 확인도 안하고 맛있게 먹는다. 김치찌개나 된장찌개라는 것이 그렇듯 어느 정도만 하면 우리 입맛에 맞는 익숙한 음식이고 바둑집 또한 집에서 먹는 그런 맛이었다. 그런데 이 바둑집 음식의 비결은 거기에 있었다. 집에서 먹는 밥처럼 해준다는 것이다.

집에서 먹는 밥은 새로 밥을 하고 찌개도 방금 하니까 따뜻하고 맛도 있다. 정성이 담긴 밥이라서 더 맛있다. 집에서 먹는 밥은 쌀만 좋아도, 밥만 잘 지어도 음식이 맛있다. 끓인 지 얼마 안 된 찌개 하나만 있어도 밥 한 공기를 후딱 비운다. 시골 장터에서 사온 돌김을 굽고 손으로 기름을 발라 내놓으면 다른 반찬 없이도 맛있게 먹을 수 있고 계란 프라이만 해서 밥에 비벼 먹어도 맛이 좋다.

바둑집의 음식은 그런 맛이었다. 정말 집에서처럼 방금 만든 밥이고 찌개고 반찬이었다. 특별한 반찬이 없어도 맛있게 먹을 수 있다. 그런데 이렇게 해서는 돈을 벌기 힘들다는 것을 장사하는 사람들은 다 안다. 음식 준비하는 데 20~30분씩 걸리면 누가 그 식당에서 기다리면서까지 밥을 먹겠는가? 정말 맛있는 메뉴가 있다면 줄 서서 기다리겠지만 그냥 집 밥처럼 따뜻한 밥이라면 이야기가 달라진다. 특히나 회계사들은 바쁘고 시간을 재산으로 먹고사는 사람들이어서 식사에 오랜 시간을 투자하려고 하지 않는다. 그래서 많은 식당들이 음식을 대량으로 준비해놓고 인내심 부족한 사람들을 위해 빨리 내놓는다. 따뜻함과 정성을 포기하고 만다.

이 가게가 바둑집으로 불리는 이유가 바로 거기에 있었다. 좁은 공간에도 불구하고 휴게실을 만들어 거기에 바둑, 장기 같은 것을 비치해두었기 때문이다. 준비 시간이 오래 걸리기 때문에 줄 서는 사람들이 지루하지 않게 대화도 나누고 바둑이나 오목을 두라고 휴게실을 만들어놓은 것이다. 휴게실이 식당 홀보다 더 크다. 사람들은 거기에서 회의를 하기도 했고 다급한 사람은 휴게소에 앉아 식사를 하기도 했다. 그러다 보니 점심시간에만 절로 3~4회전이 되었고 한 달 매출이 1000만 원 정도로 올라갈 수 있었다. 아주 소규모지만 인테리어 비용은 전혀 들지 않았고 심지어 간판도 없으니 투자비는 거의 제로에 가까웠다.

  게다가 바둑집은 저녁에는 문을 닫고 점심 장사만 했다. 테이블을 다 채워서 손님을 받아도 테이블이 7개 정도밖에 안 되고 토요일과 일요일을 빼버리면 한 달 매출이 얼마 되지 않았지만 직원을 따로 두지 않고 중년의 부부 둘이 운영하며 가끔 딸이 와서 도와줬다. 또 임차료가 아주 싼 구석에서 단골손님만 받았다. 이것이 바둑집의 전략이었다.

  결국 비용은 식자재 값이 유일했고 한 달 매출 1000만 원에서 30퍼센트 정도의 식자재 비용을 빼면 500~600만 원 정도의 순이익이 나왔다. 점심 장사만 하고 주5일 근무하는 조건으로 이 정도 순이익이면 중년 부부에게는 만족할 수 있는 수준이었다.

투자수익률과 회전율

카페에서 과제하는 대학생을 내쫓는 법

요즘은 장사로 카페가 대세라고들 한다. 하지만 대학교 앞에 있는 카페들은 학생들 때문에 고민이 크다. 공강 시간이면 학생들이 와 커피 한 잔을 시켜놓고 몇 시간씩 앉아 있는 덕분에(?) 월세도 내지 못하는 가게가 한둘이 아니다. 그렇다고 카페에서 책을 읽거나 노트북을 켜놓고 리포트를 쓰는 학생들을 나가라고 할 수는 없다. 그러나 이 문제를 해결하지 않으면 카페는 손님이 아무리 많아도 곧 문을 닫고 말 것이다. 역설적으로 손님이 많아서 문을 닫게 생긴 것이다.

이런 고민은 어떻게 해결해야 할까? 방법은 하나다. 손님들이 자연스럽게 나갈 수밖에 없는 환경을 만들어야 한다.

내가 자주 들르는 동네의 대학교 앞에는 카페가 네 군데 있는데 항상 보면 한 곳은 언제나 손님이 많았고, 그에 비하면 나머지 카페들은 손님이 좀 적었다. 그중 T카페에는 유독 과제를 하거나 책을 읽는 학생들이 드물었다. 대학교 앞에 있는 카페 사장님들이 가장 고민하는 문제를 없애고 장사를 하고 있는 것이다. 학생들이 와도 길어봤자 20~30분 수다를 떨다가 나가는 경우가 대부분이었고 테이크아웃을 하는 경우도 많았다. 나는 그 이유가 궁금해 한참을 살펴보았다. 곧 그 이유를 알게 되었다.

바로 테이블이 해답이었다. T카페의 테이블은 작았다. 작아도 너무 작았다. 테이블이 굉장히 작아서 노트북을 놓거나 책을 놓으면 커피를 놓을 공간이 없을 정도였다. 그래서 과제를 하거나 오랜 시간 공부를 하려는 학생들은 T카페에 오지 않았다. 또 카페에서 대화를 하거나 공부를 할 분위기도 아니었다. 워낙 사람이 많아서 대화를 할 수도 없었다. 카페에서는 전략적으로 아주 시끄럽고 활기찬 음악을 틀어 공부나 대화를 하기 어려운 분위기를 만들어두었다. 시끄러운 음악을 틀어놓으니 사람들은 빨리 마시고 무언가를 하러 나가야 할 것처럼 굴었다.

또 테이크아웃의 경우에는 가격을 할인해줘서 공간을 차지하지 않도록 유도했다. T카페는 커피가 맛있고 수제 아이스크림의 인기가 좋아 그야말로 커피와 아이스크림을 먹으러 오는 학생들로 넘쳐났다.

카페에서 공부하는 학생들을 너무 자본의 논리로 대하니 미안한 말이지만 카페 사장도 그런 학생들을 둔 부모이고 커피를 팔아서 아이들을 공부시켜야 하니 그 입장을 좀 이해해줘야 하지 않을까? 그래서 나는 개인적으로 카페 사장님의 심정이 더 이해가 간다. 학생들은 카페가 아니라도 도서관이나 빈 강의실에서 공부할 수도 있다. 혹시라도 공간이 부족하여 카페를 찾을 수밖에 없는 학생들이 넘쳐나지 않도록 도서관이나 빈 강의실 등의 공간을 대학교에서 넉넉히 제공해주었으면 하는 바람이다.

어떤 식당에서는 회전율을 높이기 위해 가격할인이라는 방법을 사용했다. 이 식당에 가보면 테이블에 이런 문구가 있다.
"15분 안에 밥을 먹으면 10퍼센트 할인해줍니다."
4명이 갔으니까 한 명당 5000원씩만 계산해도 2만 원이고 10퍼센트 할인이면 2000원을 버는 것이다.
보통 식당에 밥을 먹으러 가면 30분 정도가 걸리는데 그중 밥 먹는 시간은 10분 내외고 차를 마시거나 이야기하는 시간이 더 길다. 식당 입장에서 보면 점심시간은 피크타임이기 때문에 이런 시간들까지도 아껴 한정된 시간에 더 많은 손님을 받는 게 이익이다.

서비스 업종에도 회전율을 높이기 위한 전략이 여럿 있다. 내가 아는 선배 회계사사무실에 놀러갔더니 테이블에 이런 메모가 붙어 있었다.

"상담수수료는 10분 초과할 때마다 10만 원입니다."

일반 고객들이 보면 10분에 10만 원 수수료는 너무 비싸다고 생각할 것이기에 나는 물었다.

"선배님, 이렇게 수수료를 받으면 상담하러 오는 사람들이 있어요?"

내 경험으로 보아서 10분에 10만 원씩이나 주고 세무상담을 받는 사람은 없었기 때문이다.

"아니, 거의 없지."

"그런데 왜 이렇게 써놨어요?"

선배는 웃으면서 말했다.

"상담할 때는 수수료를 내려고 하지 않는 것이 고객들의 심리지. 그러면서도 나의 소중한 시간을 한 시간씩 잡아먹는 경우가 허다하고. 그런데 이런 문구를 보면 고객들이 10분 안에 상담을 끝내려고 노력하거든. 더불어 나는 시간절약을 할 수 있고."

선배가 원한 것은 상담수수료가 아니라 시간의 절약이었다. 시간을 절약하는 것 또한 돈을 버는 방편이기 때문이다. 회계사 입장에서는 수익성이 떨어지는 일에 무한정 시간을 제공하기가 어렵다. 심지어 그냥 넋두리를 하거나 사소한 잡담을 하기 위해서 오는 사람들도 많다. 선배는 이런 고객들이 들어오면 앉아서 고객을 응대하지 않고 일어서서 그들을 맞이하고 상담한다. 그리고 상담을 하면서 문 쪽으로 서서히 옮겨간다. 문 쪽에 도착할 때쯤이면 손님들은 이제 자신이 나가야 할 때가 되었음을 안다. 이렇게 하면 고객들이 오래 있지 않고 빨리 방을 나간다.

모 기업에 강의를 나가서 구내식당에서 식사를 한 적이 있다. 점심시간이 되면 한정된 시간대에 교육생들이 한꺼번에 몰리기 때문에 급식은 신속하게 처리하는 것이 관건이다. 이 기업은 외부 급식업체를 선정해 운영하고 있었는데 일반 급식은 밥을 각자가 먹을 만큼 더는 것이 보통이지만 독특하게 이 업체는 직원들이 공기에 밥을 담아주면 사람들이 직접 공기를 들고가는 시스템으로 운영하고 있었다.

원래 구내식당에서 줄이 가장 많이 밀리는 곳이 밥을 푸는 곳이다. 공기에 담긴 밥만 먹다가 식판에 담으려니 먹을 만큼의 양을 알기가 힘들어 망설이는 사람들이 많기 때문이다. 특히나 다

이어트를 하는 사람들은 식판에 밥의 양을 조절하기 위해 한두 번 밥을 펐다가 덜어내곤 한다. 그렇다고 직원들이 밥을 퍼주면 각자의 식사량과 달라 밥이 남을 경우가 많기 때문에 재고 문제가 생긴다. 그래서 이 급식업체는 밥을 집에서 먹는 것처럼 공기에 담았다. 밥이 남는 것을 막기 위해 '많은 양'과 '적은 양'으로 구분하여 양쪽에 놓아두었다.

식사량이 적은 사람은 적은 양을 담은 밥공기를 가져가면 되고, 식사량이 많은 사람은 많은 양을 담은 밥공기를 가져가면 된다. 그래서인지 줄이 길게 늘어섰다가도 금방 줄어들어 신속하게 식사를 끝낼 수 있었다.

반대로 손님이 오래 앉아 있어야 돈이 되는 사업도 있다. 서점의 경우 책이 무슨 내용인지 볼 기회가 있어야 책을 구입할 가능성도 높아진다. 그래서 많은 서점이 조용한 음악에 편안한 자리를 만들어서 독서를 유도한다. 동네 문구점에도 아이들을 유혹하기 위해 온갖 물건을 다 가져다 놓는다. 아이들은 어떤 물건들이 있는지를 구경하기 위해 하루에 한 번씩 문구점에 들러 문구들을 구경하고 물건을 산다. 서점이나 문구점은 고객이 오래 앉아 있을수록 재고자산 회전율이 높은 업종들이다.

원가와 비용절감

점심특선 메뉴 가격의 비밀

자주 가는 식당 중에 '늘봄'이라는 소고기와 돼지고기 전문점이 있다. 하루 매출이 1억 원에 달할 정도이니 연간 400억 원의 매출을 올리는 거의 기업형 식당이다. 그래서 야채든 반찬이든 하나의 품목만 납품하더라도 연간 매출이 억대를 넘어선다. 이 식당으로 인해 먹고사는 자영업자도 상당수에 이른다.

이 정도로 큰 식당 사장이면 한가롭게 여행이나 다니고 골프나 치면서 여가를 보낼 만도 한데 늘봄 사장님은 절대 그런 법이 없다. 항상 입구에 서서 손님을 안내하고 직원들과 이야기를 하고 식당이 어떻게 운영되고 있는지를 눈으로 파악한다. 나는 늘봄이 장사가 잘될 수밖에 없는 이유를 사장의 초심이라고 생각한다. 장사에는 기본이라는 것이 있다. 근면성실을 바탕으로 물건을 잘 만들고 고객에게 서비스까지 충실히 하면 손님이 줄 서는 가게를 만들 수 있다. 게다가 늘봄의 가격구조를 보면 돈을 잘 벌 수밖에 없는 남다른 전략이 있다.

늘봄은 고기도 맛있지만 특히나 점심특선 메뉴가 압권이다. 귀한 손님에게 대접을 해도 될 만큼 손색이 없다. 가격을 모르는 상태에서 먹으면 3만 원 정도의 가치로 보는 사람들이 많다. 정식을 시키면 구워먹을 수 있는 돼지고기 오겹살이 나온다. 양이 아주 많지는 않아도 돼지고기의 참맛을 느껴 봤다 싶을 만큼은 된다. 고기를 구워먹고 나면 산채비빔밥이 나오는데 된장찌개도 따로 나온다. 그리고 밥은 영양돌솥밥이다. 이 영양돌솥밥을 산채비빔밥에 비벼서 먹고 돌솥에 붙은 밥은 물을 부어서 누룽지탕으로 먹는다. 돼지고기와 비빔밥, 된장찌개, 영양돌솥밥까지 이 네 가지 메뉴를 단일 메뉴로 사 먹는다면 3만 원 정도는 나온다. 하지만 이 정식이 1만 원이다. 손님들은 싸고 푸짐하게 먹을 수 있어 만족한다. 이 정도 음식을 1만 원에 팔아서 돈이 남을까 하는 의문을 갖는 사람은 나같이 호기심 많은 회계사뿐이다.

식당의 원재료비를 보통 30퍼센트 정도라고 책정하면 1만 원은 거의 원가에 불과한 가격이다. 늘봄 직원들도 점심은 거의 원가개념이며 고객들에게 서비스하는 차원에서 드린다고 말하곤 한다. 이 메뉴는 점심특선 메뉴라서 저녁에는 팔지 않는다.

또 다른 인기메뉴는 샤브샤브다. 나는 점심때 샤브샤브를 먹어보고 아주 만족해서 저녁에도 샤브샤브를 하는지 직원에게 물었다.

"네, 합니다. 그런데 저녁에는 점심 때보다 가격이 두 배로 비싸요."

점심에는 1인분에 1만 원이고 저녁에는 2만 원이라는 것이다.

"왜 저녁에 더 비싸죠?"

"저녁에 비싼 것이 아니라 점심 때 싸게 드리는 것입니다."

점심 가격을 이렇게 저렴하게 받는 것은 늘봄의 마케팅 전략이었다. 점심에 소고기를 먹으러 식당에 가는 경우는 별로 없고, 한 끼에 2만 원이나 하는 식사를 가볍게 먹는 것도 힘들다. 그러니 규모가 큰 식당에 비하면 점심에 손님이 적을 수밖에 없었고, 그래서 원래 2만 원 정도 하는 식사를 절반 가격에 팔고 있는 것이었다. 그러면 식당은 손해를 보고 있는 것일까?

보통 식당의 경우 원재료 가격이 30퍼센트 정도고 인건비와 시설투자비 등 고정비가 30퍼센트 정도다. 2만 원짜리라면 원가가 1만 2000원(=원재료비 6000원+인건비 등 6000원)인데 점심에 1만 원에 판다면 2000원의 손실을 보게 된다.

그러나 실제로는 손해를 보지 않는다. 원가관리 구조를 잘 이해하면 늘봄의 전략을 알 수 있다. 어차피 인건비와 시설투자비는 점심 때 손님이 오든 안 오든 발생하는 비용이다. 이것은 매출에 상관없이 고정적으로 발생하는 비용이라서 고정비라고 한다. 따라서 점심 때 메뉴를 1만 원에 팔더라도 추가로 발생하는 비용은 원재료비 6000원(=2만 원×30퍼센트)뿐이고 한 끼당 4000원의 마진을 보는 것이다. 항공사나 호텔이 비수기에 가격을 대폭 할인해서 파는 것과 마찬가지 이치다.

이렇게 가격을 결정할 때는 원가 중에서 고정비를 무시하고 가격을 결정해야 오류에 빠지지 않는다. 고정비는 반드시 발생한다. 점심을 1만 원에 팔기 때문에 추가로 늘어나는 매출과 늘어나는 비용(변동비)만 가지고 이익인지, 손해인지를 판단해야 한다. 점심시간에 손님이 없어서 남아도는 테이블을 점심특선 메뉴로 채워서 매출을 올리면 이익이 적더라도 원재료를 소진하고 인건비와 임차료 정도는 뽑을 수 있기 때문이다.

다만, 주의할 것은 추가로 기회비용을 고려해야 한다는 데에 있다. 점심을 1만 원에 팔 경우 손님들은 1만 원을 정상가격으로 생각하여 저녁식사를 비싸다고 판단하고 저녁을 포기할 수 있다. 이 경우 저녁에 팔 수 있는 이익을 포기한 것이므로 오히려 손해를 볼 수 있다. 또한 점심값으로 2만 원을 지불할 의사가 있는 손님도 1만 원짜리 점심특선 메뉴를 보고 그것을 선택할 수 있기 때문에 이것도 기회비용이다. 고정비와 변동비 개념은 가격결정 외에도 다양한 의사결정에서 고려사항이 된다.

가격결정은 단지 가격을 올리기 위해서만 활용하는 것은 아니다. 가격을 내리는 것 같아도 가게 전체적으로 이익을 가져다주는 경우가 많다. 이익을 늘리려면 판매량을 늘리거나 원가를 줄이거나 가격을 올려야 한다. 이 세 가지 외에 이익을 늘리는 방법은 없다.

그런데 보통 장사하는 사람들은 이익을 늘리기 위해 '판매량-원가-가격' 순으로 관심을 갖는다. 실제로 이익에 가장 크게 영향을 미치는 것은 '가격-원가-판매량'의 순서다. 그래서 장사에서 가격관리의 중요성은 아무리 강조해도 지나치지 않다.

원가와 비용절감

시장 상인이 의사보다
부자인 이유

사람들이 장사를 하는 첫째 목적은 돈을 버는 것이다. 언론에서도 보면 가게를 해서 1억을 벌었다거나 어느 업종이 돈을 가장 많이 버는지 등의 기사가 자주 등장한다. 소문 중에도 주변에서 누가 장사를 해서 돈을 긁어모은다는 소문이 가장 인기 있는 화제다. 그런데 우리가 흔히 돈을 많이 벌었다며 금액을 말하는 것은 이익이 아니라 매출이다. 하지만 매출이 아무리 많아도 비용이 많으면 손실이 나올 수 있다. 사람들의 눈에 보이는 것은 겉으로 보이는 규모와 매출이다. 보통 사람들에게는 뒤로 손해 보는 것은 잘 보이지 않고 앞으로 버는 것만 보이기 때문에 규모가 크거나 손님이 많으면 돈이 많을 거라고 착각하는 것이다. 하지만 겉으로 보이는 것보다 이익이 날 수 있는 탄탄한 구조를 구축하는 것이 더 중요하며 이를 잘하는 사람이 곧 부자가 된다.

가령 우리는 의사가 돈을 많이 벌고 시장에서 장사하는 상인들은 가난한 자영업자라고 생각하는데 사실 그렇지 않은 경우가 많다. 내가 거래하는 주거래 은행 본점에는 크게 세 개의 상권이 있다. 은행 북쪽으로는 명품 패션거리, 남쪽으로는 시장, 동쪽으로는 의사와 약사들이 많이 있다.

나는 은행에 들른 김에 이 세 부류의 사람 중에 누가 가장 돈이 많은지 VIP센터 직원에게 물어보았다. 고객의 재산에 대해 이야기하는 것은 업무상 기밀이지만 내가 밥을 여러 번 사준 덕분인지(?) 직원은 생각보다 쉽게 입을 열었다. 그런데 직원의 대답은 예상 밖이었다.

"시장 상인 분들이 가장 돈이 많으세요."

나는 깜짝 놀라며 되물었다.

"왜 그렇죠?"

나의 질문에 은행 직원도 선뜻 해답을 주지는 못했다. 나는 궁금한 것은 도저히 못 참는 성격이라 내가 가진 고객정보를 가지고 분석을 해보았다. 고객들의 재무자료를 내가 다 가지고 있으니 곧 어렵지 않게 답이 나왔다. 일반적으로 의사들이 시장 상인들보다 돈을 많이 버는 것은 사실이었다. 하지만 의사들은 품위 유지비로 많은 돈을 썼다.

내가 아는 의사의 재무자료를 보니 명확하게 그 이유를 알 수 있었다. 그의 병원에서 나오는 순이익은 한 달에 2000만 원 정도였다. 나는 그 의사에게 어느 정도나 저축하느냐고 물은 적이 있는데 놀랍게도 그는 단 50만 원도 저축하기 힘들다고 했다. 그 이유의 원인은 그의 후배 의사였다.

얼마 전 그보다 한참 아래인 후배 의사가 개원을 했는데 얼마 안 되어 50평형의 고급아파트로 이사를 갔단다. 자신은 30평형 아파트에서 살고 있었는데 아이들이 후배 의사의 집에 놀러 갔다 오더니 왜 우리 집은 이렇게 좁으냐고 투덜거리고 아내도 좀 넓은 평수로 이사를 가자고 했다. 지금 사는 집은 청소를 해도 딱히 좋은 티가 안 나고 인테리어도 구식이라는 것이다. 그렇게 가족 전체가 새로운 아파트로 이사하지 않으면 뭔가 큰일이라도 날 것처럼 말하기 시작했고, 그 이후로부터는 지금 사는 집에 사사건건 문제가 있는 것처럼 보였다. 의사도 가족들이 모두 한 목소리로 말하고 후배보다 좁은 평수에 사는 것도 자존심이 상해 대출을 몽땅 받아서 60평형의 아파트로 이사를 갔다고 한다.

드디어 어깨 좀 펴나 싶었는데 후배와의 자존심 싸움은 거기서 끝이 아니었다. 자기 차는 소나타 구형인데 후배가 얼마 전에는 벤츠를 뽑았다고 자랑을 하는 것이 아닌가. 사실 그는 차에 대해 욕심도 딱히 없고 또 비싼 차를 타는 것이 약간 허세라고 생각했기 때문에 10년 이상을 타고 다닌 차에 애정을 갖고 있었다.

그러나 골프장에 들어서면서 그가 갖고 있던 차에 대한 애정은 순식간에 사라졌다. 후배 차가 앞서서 가고 자신이 뒤따라가고 있는데 외제차를 본 경비원이 국빈을 맞이하듯 각을 맞춰 거수경례를 하는 것이었다. 그런데 자기가 들어서니 경비원은 손님인지 직원인지 헷갈렸는지 경례를 해야 하나 말아야 하나 망설이다가 어정쩡하게 인사를 하다 말더라는 것이다.

골프를 시작하기도 전에 차 문제로 자존심이 상하니 골프를 치면서도 그 후배보다 잘 쳐야 한다는 부담감에 계속 티샷이 오비가 나고 결과적으로 점수도 형편없었다. 골프가 끝나고 그는 곧바로 외제차를 계약했다. 갑작스럽게 사려니 돈이 모자랐지만 할부라는 좋은(?) 제도를 이용했다.

여기서 끝나면 다행인데 아쉽게도 그렇지 못했다. 그 의사의 병원이 위치한 일대는 명품 의류매장들이 즐비해 있는 거리였다. 의류매장 사장들은 그를 만나면 벌이에 맞게 고급 의류를 추천했다. 후배 의사도 단골이라고 했다. 그는 후배에게 지지 않으려고 좀 더 비싼 옷을 카드로 긁기 시작했다. 아이들도 외국에 유학을 보냈다.

사실 자식은 부모의 돈 냄새를 가장 잘 맡는 녀석들이다. 그렇다고 부모가 가진 돈보다 더 많은 것을 요구하지는 않는다. 자식들은 딱 부모의 숨이 넘어가지 않을 정도로만 쓰게 만든다. 숨이 넘어가버리면 문제가 생긴다는 것을 자식들도 아는 것이다. 부모 월급이 100만 원이면 그에 맞게 쓰고 1000만 원이면 또 그에 맞게 쓰게 된다. 돈이 없으면 모를까, 있는데도 자식에게 돈을 안 쓰는 대한민국 부모는 없다. 이렇게 고급아파트, 명품옷, 외제차, 자녀들의 교육비로 많은 돈을 지불하고 있었기 때문에 한 달에 저축할 수 있는 돈이 50만 원도 안 되는 것이었다.

그러나 시장 상인들은 가게에 쪽방을 만들어놓고 수십 년간 장사를 해왔다. 좋은 옷은 일하는 데 방해만 될 뿐이다. 시장 상인들은 작업복에 비닐 앞치마 하나면 문제가 없다. 명품 의류매장 사장들도 시장 상인들에게는 명품옷을 팔지 못했다. 외제차나 고급차도 필요가 없었다. 시장통에는 고급차를 세워둘 주차공간도 없으므로 오토바이 한 대면 충분하다. 돈을 쓰지 않으므로 돈이 모였고 이 돈이 예금통장에 차곡차곡 쌓였다. 그들은 돈을 쓸 시간도 없고 방법도 잘 모르는 시장 상인들이었다. 주식이나 펀드도 몰랐고 오로지 은행만 믿고 수십 년 된 통장을 만들어왔다. 그렇게 시간이 흘러 시장 상인들은 부자가 되어 있었다.

우리는 여기서 단순한 진리를 깨달을 수 있다. 부자가 되려면 매출이나 수입을 올리려고 위험을 감수하는 것보다 수입보다 적게 쓰고 나머지는 시간과의 싸움을 해야 한다. 복리는 이익과 시간이라는 두 축이 가장 중요하다. 이익을 쓰지 않고 다시 원금에 재투자하면 눈덩이 효과가 생겨서 돈이 불어난다. 아무리 복리 이율이 높아도 기간이 짧으면 늘어나는 것이 별로 없다. 최소 15~20년 이상은 굴러가야 눈덩이가 커지므로 복리효과를 거두려면 시간과 싸워야 한다. 그것이 가장 안전하고 확실한 방법이다.

원가와 비용절감

변호사가 지방으로
내려오는 이유

장사는 돈을 벌어야 하는 것인데 돈보다 회사 규모나 직원 수, 고객 수를 중요하게 여기는 사람들이 많다. 이를 반증이라도 하듯 사장님들끼리 만나면 항상 묻는 것이 직원 수다. 사장님들은 직원이 많으면 으레 자랑하듯이 말하고 적으면 왠지 주눅이 들어 답하곤 한다. 직원 수가 많고 그만큼 회사에 성과를 가져오면 물론 좋은 일이다. 사람들은 항상 직원 수가 많아야 회사가 크다고 생각한다.

우리 회사는 10년 전에 비하면 직원 수는 4분의 1 수준밖에 되지 않는다. 그래서 오래된 거래처 사장님들은 종종 사업이 잘 안 풀리느냐며 걱정스레 묻곤 한다. 하지만 우리 회사 매출은 그때보다 높고 이익도 훨씬 크다. 사람들은 이처럼 눈에 보이지 않는 것은 보려고도 하지 않는다. 회사 건물이 얼마나 큰지, 직원이 얼마나 많은지 등 외형적인 요소에만 신경을 쓴다. 어떤 사람은 매출로 회사를 판단하기도 한다. 그러나 이런 외형적인 요소들은 회사의 비용이 크다는 것, 그리고 이익은 얼마 되지 않는 것을 반증하는 것이나 다름없다.

    회계사나 변호사 같은 전문직의 경우에는 주로 서울에 있는 대학 출신들이 많다. 그러다 보니 고향이 지방일지라도 수도권에서 사회생활을 하고 또 사업도 수도권에서 시작하는 것이 보통이다.
    회계사나 변호사 같은 전문직의 경우는 특히 서울에서 명문대를 다닌 후 고시패스를 한 경우가 많다. 아는 지인 중에 서울에서 10년 정도 변호사 생활을 하다가 고향으로 내려온 변호사가 있다. 보통 그처럼 고향이 지방인 경우 서울에서 고향으로 돌아오는 일이 흔하지는 않다. 특히 고향으로 오는 것이 왠지 귀양을 오는 분위기여서 고향에서는 잘 개업하지 않는다. 그래서 고향으로 돌아가지 않으려는 전문직들의 이야기를 익히 들은 바가 있었다.

그런데 그는 서울보다 지방에서 개업하는 것이 훨씬 낫다고 했다. 변호사 사무실의 가장 많은 비용을 차지하는 임차료와 인건비가 서울보다 훨씬 저렴하기 때문이다. 나도 서울에서의 생활을 마치고 지방에 온 지 13년이 되었다. 지금도 여러 가지 일로 서울을 자주 가는데 서울에서 일로 만난 사람들이 내게 꼭 묻는 말이 있다.

"왜 지방에 가셨어요?"

많은 사람들이 회계사 시장은 서울이 훨씬 크고 지방에는 별게 없다고 추측한다. 완전히 틀린 말은 아니다. 시장의 절대적인 규모는 서울이 훨씬 크다. 하지만 워낙 회계사가 많은 탓에 회계사 1인당 시장규모는 지방보다 작고 치열하다. 그러나 지방에는 아직 회계사가 그다지 많지 않기 때문에 1인당 시장규모도 괜찮다. 또 서울에서는 수수료 가격경쟁이 엄청나게 치열한 반면 지방은 그에 비해 덜하다.

회계사의 가장 많은 비용을 차지하는 인건비는 서울의 60퍼센트 수준밖에 되지 않고 임차료는 더욱 싸다. 거래처당 수익은 높고 비용은 적으니 똑같은 거래처를 갖고 있더라도 마진이 많이 남을 수 있다. 겉으로 보이는 것의 이면을 잘 보면 진짜 이익을 낼 수 있는 좋은 방법이 보이기 마련이다.

원가와 비용절감

돈 버는 것은 수입이 아니라 지출의 문제다

 결국 이익관리는 비용관리고 돈을 모으는 것은 수입의 문제라기보다는 지출의 문제다. 그러면 비용은 어떻게 줄일 수 있을까? 비용이나 원가를 줄이려면 비용과 원가의 구조를 먼저 알아야 한다. 원가는 크게 재료비, 노무비, 기타 경비로 구분된다. 우선 원가에서 가장 큰 비중을 차지하고 있는 재료비를 살펴보자.

 아버지가 운영하는 큰 식당에서 2세 경영 수업을 받는 고기성 씨는 더 싼 원자재를 구입하기 위해 직접 5일장에 다닌다. 주방에서 메뉴를 만드는 사람은 원가 개념보다는 좋은 메뉴를 만드는 것에 집중하는 경향이 있다. 그들은 시간은 절약해야 하기 때문에 질 좋은 원재료를 싸게 구입하기보다는 원재료를 비싸게 들여서라도 음식의 맛을 내는 일에 초점을 맞춘다. 그러다 보니 쉽게 식자재 원가 비율이 높아지고 낭비되는 식자재가 많아진다. 사실 대부분의 장사에서는 식자재 등의 원재료 비율이 원가 중에서도 가장 높은 비율을 차지하므로 진짜 원가절감을 하려면 원재료 비율을 낮추는 것이 가장 중요하다. 고기성 씨는 이를 파악하고 있는 것이다.

장사를 해서 가장 확실히 이익을 올릴 수 있는 방법은 무엇일까? 판매를 늘리고 고객으로부터 돈을 더 많이 받아서 이익을 올리는 것일까? 아니면 물건을 구매하는 납품처에 지급하는 돈을 줄여서 이익을 늘리는 것일까? 가장 효율적으로 비용을 절감하는 방법은 매출을 늘리는 것보다 구매비용을 절약하는 것이다.

그런데 현실에서 보면 장사를 하는 사람들은 대부분 생산과정에서 비용을 삭감할 부분이 없는지를 찾아다닌다. 물건을 만들 때 드는 총 원가 중 70퍼센트가 원재료를 구매하는 데 들어가고 나머지가 인건비와 관리비인데도 말이다. 즉 인건비나 관리비보다 원재료값을 절감하는 것이 더 효과적이다. 그런데 사장들은 항상 제조비용과 관리비용의 절감에만 관심을 갖고, 구매비 절감 방법을 연구하는 데에는 거의 시간을 투자하지 않는다.

비용절감의 효과가 가장 큰 것은 구매비용이다.

회계에는 원가기획이라는 개념이 있다. 원가도 기획업무로 분류하는 것이다. 원가기획에서는 시장의 상황을 고려하여 제품가격을 미리 고정시킨다. 그리고 정해진 제품가격에서 기업이 추구하는 목표이익을 차감하여 달성해야 할 목표원가를 산정한다.

목표원가에 대한 이해를 돕기 위해 간단한 예를 들어보자. 당신이 짜장면을 4000원에 팔고 있다고 해보자. 그런데 주변에 중국 음식점이 많이 생기고 가격경쟁이 치열해지면서 짜장면 가격이 3000원대로 하락할 것 같다. 그러면 당신도 짜장면 판매가를 3000원으로 정할 수밖에 없다. 한편 당신이 짜장면 한 그릇으로 목표하고 있는 이익이 1000원이라고 해보자. 그러면 우리가 가격경쟁 극복과 목표이익 달성을 위해 반드시 달성해야 할 목표원가는 짜장면 가격 3000원에서 목표이익 1000원을 차감한 2000원이 된다.

음식의 원가는 어떤 식자재를 얼마나 어떻게 넣을지가 기준이 되므로 레시피에서 80~90퍼센트가 결정된다. 원가를 줄이기 위해서는 메뉴를 기획하고 설계하는 단계가 가장 중요한 것이다. 원가를 계산하고 거기에 마진을 붙여 가격을 산정하는 방식이 아니라 고객의 욕구를 분석한 메뉴 컨셉이 정해지면 목표 판매가격을 결정하고, 달성해야 할 목표이익을 차감하여 목표원가를 결정한다. 반드시 이 원가에 맞춰 메뉴를 만들어야 한다. 목표원가가 결정되면 다양한 메뉴로 활용될 수 있는 원재료를 사용하거나, 만드는 과정을 변경하거나, 제품의 종류를 단순화해서 메뉴를 개발하는 단계에 반영해야 한다. 가령 대량구매나 직구매 등의 방법으로 같은 품질의 식자재를 싸게 구입하거나 식자재 구매처를 통합·분리해 구매가격을 낮추는 방법, 원가가 높은데 인기는 없는 기존 메뉴를 없애고 이익이 많은 대체 메뉴를 개발하는 방법 등을 고민하고 식자재 손실을 최소화하는 것들이 여기에 해당한다.

막연히 쥐어짜는 식의 원가절감은 잘못된 것이다. 원가절감이라고 하면 사람들은 무언가를 절약하거나 줄이는 것으로 생각하지만 원가절감으로 인해 손님에게 가치가 떨어졌다는 인상을 주게 되면 오히려 문제가 발생한다. 재료비를 절약하기 위해서 재료를 줄이거나 값싼 재료로 바꾸면 손님들이 금방 알아차리기 때문에 주의해야 한다.

반면 동일한 재료로 다양한 메뉴를 만들 수 있게 연구해서 가격을 동일하게 받고도 원재료 구입을 대량화하고 그로 인해 구입단가를 절감한다면 이것은 바람직한 원가절감이 될 수 있다.

손님들이 셀프로 반찬을 덜게 만들면 버리는 잔반이 줄어든다. 이는 재료비 절감으로 이어지는, 손님이 줄 서는 가게의 공공연한 비밀이다. 진짜 원가절감은 손님이 불만이라고 느끼지 못하게 이루어져야 한다.

원가와 비용절감

잘되는 가게는
손님이 일한다

고객에게 일을 떠넘겨 가게의 인건비를 절약하는 방법도 자주 쓰이는 방법이다. 패스트푸드점에서 다 먹은 후 뒷정리를 고객 스스로 하게 만든 것이나 패밀리 레스토랑에 있는 샐러드바에서 각자 먹을 만큼 음식을 덜게 한 것도 원래 직원이 해야 할 일을 고객에게 떠넘긴 것이다. 마트의 경우도 마찬가지다. 예전 슈퍼마켓에서는 고객이 사려고 하는 물건을 말하면 직원이 가져다주었는데 요즘 마트는 고객이 자신이 원하는 물건을 직접 골라 담는다. 직원의 인건비를 절약하면서 동시에 미충족된 고객의 욕구를 부추기는 것이다.

고객에게 일을 떠넘겨보자. 이것은 가게의 시간과 비용을 절약하여 마진율을 높여준다. 고객에게 일을 떠넘기는 것이 악덕 사업주처럼 보이는가? 전혀 그렇지 않다. 고객이 원하는 대로 내버려두는 것에 더 만족하는 경우가 많다.

사무실에서 원가절감의 단골메뉴로 등장하는 것이 이면지다. 이면지를 활용할 경우 종이를 절약할 수는 있다. 그런데 이면지는 프린터기에 나쁜 영향을 주기 때문에 득과 실을 따져보면 절감효과가 많이 떨어진다. 또 이면지 교체하는 시간을 감안하면 아마 종이 가격보다 직원 인건비가 더 비쌀 것이다. 그래서 나는 우리 회사 직원들에게 이면지 사용을 추천하지 않는다. 단순하게 비교해서 월 250만 원의 임금을 받는 직원의 경우, 대개 1분에 300원 정도의 비용이 소비되므로 이면지를 모으고 정리하느라 1분이 더 소요된다면 오히려 낭비다.

잘되는 식당을 가보면 효과적으로 노무비를 절감하고 있는 곳이 많다. 가장 많이 쓰는 방법 중 하나가 손님들이 직접 움직이게 하는 것이다. 줄 서는 가게와 그렇지 않은 가게는 손님이 종업원을 몇 번 부르느냐로 판가름 난다고 해도 과언이 아니다. 줄 서는 가게는 손님이 종업원을 부를 일이 없게 만들어놓는다.

일례로 반찬을 단순하게 만들고 그마저도 테이블 위에 반찬을 통째로 담아두어 반찬을 다 먹으면 셀프로 떠서 먹게 만든다. 반찬이 떨어졌다고 종업원을 부르지 않아도 된다. 반찬을 셀프로 뜨는 방식은 재료비 절감 목적도 있지만 실제로 노무비 절감효과가 더 크다. 어떤 고깃집은 반찬뿐 아니라 앞접시부터 물수건, 가위와 집게 등 식사를 하는 데 필요한 모든 것이 방 안에 구비되어 있다. 직원들도 손님이 요구하는 것을 그 자리에서 바로 줄 수 있기 때문에 손님이 부르면 테이블에 가서 주문사항을 듣고 다시 주방으로 가서 물건을 가져와야 하는 시간을 줄여준다. 무엇보다도 직원을 부르지 않고 손님이 필요한 것을 직접 찾아서 쓰니 여러모로 효과적이다.

고깃집의 경우에는 불을 피우고 불판을 갈아주고 들러붙은 기름때를 씻을 직원들이 필요하고 그래서 인건비 비중이 높다. 조금 비싸더라도 잘 타지 않는 특수한 불판으로 바꾸면 세척의 부담을 줄여주기 때문에 인건비를 줄일 수 있다. 이것 역시 음식 가격은 그대로인데 이익을 남길 수 있는 방법이다.

제5장

매출은
손님이 가져오지만
이익은
회계가 가져온다

성장과 안정

잘나가는 가게에
돈이 없는 이유

몇 년 전, 우리 가족의 입맛에 맞는 '한스델리'라는 샤브샤브 가게를 발견했다. 당시에는 오픈한 지 얼마 되지 않은 가게였다. 무엇보다 야채를 무한리필 해주는 서비스가 우리의 마음을 사로잡았다. 기본적으로 나오는 야채만 해도 보통 샤브샤브 집의 2배는 되는데 여기에 요청만 하면 추가로 계속 준다. 그런데 사실 이것은 약간의 상술이다. 우리 가족처럼 야채를 좋아하는 사람들도 기본으로 주는 야채가 워낙 많아 크게 더 달라고 한 적이 별로 없다. 무한리필이란 말은 고객에게 야채가 풍부하다는 느낌을 주는 효과가 있을 뿐 실제로 어마어마하게 많은 양의 야채를 요청하는 사람은 거의 없었다.

　내 입맛을 더 자극한 것은 샐러드였다. 간단히 야채를 썰고 사장님이 직접 개발한 소스를 뿌렸는데 과일을 갈아서 만든 듯 상큼하여 내 입맛에 딱 맞았다. 물론 샐러드도 무한리필이다. 한스델리에 가면 나는 고기보다 샐러드를 세 접시 정도 더 먹으면서 식사를 했다. 많은 사람들, 특히 여성들과 젊은 주부들이 야채 무한리필 서비스 때문에 이 가게를 자주 찾았다.
　금세 입소문이 나자 오픈한 지 1년도 안 되어서 한스델리는 몇몇 곳에 프랜차이즈를 냈다. 가맹점주들은 대부분 사장님의 가족이나 친구들이었다. 본점도 직영 매장을 넓혔다.

　1년 만에 매장을 몇 개나 더 늘렸고 그 이후에도 가맹점을 계속 늘려가니 현금이 모일 틈이 없었을 것이다. 성장을 좋아하는 사장들은 100을 벌면 200을 투자해야 만족하기 때문에 부족한 돈은 은행에서 대출로 충당한다. 그리고 빚을 다 갚기도 전에 성장을 위해 모아놓은 돈에 또 다른 빚을 내서 매장을 확대해나간다. *사람들은 가게 규모와 매장 개수, 손님 수만 보고 장사가 잘된다고 하거나 돈을 벌었다고 말하지만 장사가 잘된다고 꼭 돈을 많이 모은 것은 아니다. 돈을 모으기도 전에 성장을 하는 데*

돈을 다 써버리기 때문이다.

한스델리의 외형적 성장을 본 사람들은 한스델리가 돈을 다 긁어모은다고들 말했다. 하지만 그렇게 빨리 성장하려면 지속적으로 자금을 조달해야 하고 더 많은 자금이 필요해질 것이었다. 오히려 통장에 돈이 들어오는 시기는 가게가 안정단계에 접어들 때다. 투자하는 돈이 없으며 조직을 관리하여 비용을 절감하는 단계에 안착해야 돈이 모인다.

우려대로 한스델리는 얼마 안 가서 유동성 위기에 부딪쳤다. 그 이유는 현금부족 때문이었다. 성장에 집착하면 매출이 계속 늘어날 것으로 예상해 대출을 받게 되는데 어느 가게든 반드시 불경기는 오기 마련이다. 만약 여기에서 매출이 20~30퍼센트라도 떨어지면 어떻게 될까? 만약 상황이 심각해 반 토막이 나거나 절반 이하로 떨어지면 어떻게 될까? 이것은 경기가 불황이 오거나 근처에 막강한 경쟁상대가 생기면 언제든지 발생 가능한 일이다.

매출이 좀 떨어진다고 해서 가게 자체가 어떻게 되지는 않을 거라고 생각할지도 모르겠지만 성장을 하고 있는 가게라면 말이 다르다. 현금이 없다. 매출이 떨어지면 그만큼 씀씀이를 줄여야 하는데 성장에 매진한 가게는 시설투자를 해놓았기 때문에, 즉 모든 비용이 고정비로 들어가서 매출이 늘든 떨어지든 비용이 줄어들지 않는다. 그러면 매달 나가는 이자비용이 부담되기 시작한다. 바로 자금압박이 시작되는 것이다.

성장과 안정

매출이 늘 때 조심하라

유통업을 하는 방현석 사장님은 매출이 너무 증가해서 부도위기에 몰린 적이 있다. 유통업을 한 지 4년 정도 되었을 때 매년 100퍼센트 이상의 성장을 하고 있었으며 특히 전해에는 회사의 규모가 3배 이상 커져 행복한 비명을 지르고 있을 때였다. 유지만 해도 성공이라는 불경기에 고속 성장을 하고 있는 상황이니 업계에서는 소문이 자자했다. 하지만 회계사인 나는 사장님의 속내를 들어 그의 고충에 대해 알고 있었다.

"3월에는 자금이 부족해서 속이 타들어가는 줄 알았습니다."

"무슨 일이 있었나요?"

"3월 매출이 작년 대비 10배로 늘어났거든요."

나는 다시 물었다.

"매출이 10배나 늘었는데 왜 힘들었어요?"

"작년에는 기껏해야 일주일에 500만 원 정도의 매출이었는데 올해는 일주일에 5000만 원이 넘는 매출이 있었습니다. 보통 3월에는 대금이 잘 회수가 안 되어 50퍼센트 정도밖에 받지 못하거든요. 작년에는 미수금이 250만 원밖에 되지 않았지만, 이번에는 5000만 원의 매출 중 2500만 원의 미수금이 깔리더군요. 한 달이면 거의 1억 원의 미수금이 생기는데 매입대금은 나가야 하고 돈은 안 들어오니 감당하기가 힘들더군요."

방현석 사장님은 매출을 늘리는 데 신경을 쓴 나머지 자금관리에는 신경을 쓰지 못했던 것이다. 게다가 워낙 자금력이 없는 상태에서 일을 시작했던 터였다. 그의 성실함을 보고 갑자기 일을 주는 거래처가 많아지면서 매출이 급속도로 늘었지만 그만큼의 매출을 감당할 자금력이 없었다. 가게가 커지면 자금이 오고가는 규모도 커지고 미수금이나 재고자산 규모도 커지기 때문에 미수금 회수가 안 되거나 재고 수급에 문제가 있을 때 이것을 해결할 수 있는 정도의 자금이 있어야 한다. 한 달에 매출이 1000만 원인 가게와 한 달에 매출이 1억 원인 가게는 식자재를 매입해야 하는 금액도 다르고 인건비 금액도 달라서 보유하고 있어야 하는 여유

자금 규모 자체가 다른 것이다.

 만약 가게에 돈이 없으면 모자란 돈은 사장의 주머니에서 나와야 하는데 가게가 작을 때는 부족한 돈을 자기 주머니에서 지급할 수 있지만 규모가 커지면 그것이 어려워진다. 그런데 매출이 얼마나 늘어날지를 전혀 예측하지 못하다가 갑자기 매출이 커지자 미수금도 커지기 시작하고 물건을 사와야 하는데 돈이 없어 위기를 맞은 것이다. 다행히 은행 대출로 매입대금을 지불하고 물건을 사왔지만 얼마 지나지 않아 다시 유형시설에 큰돈을 투자하면서 위기에 봉착했다.

 나는 장사에서 리스크를 줄이는 가장 빠른 길은 욕심을 줄이는 것이라고 생각한다. 또 성장을 한다고 해도 최소 5년은 해보고 그 기간 동안 모은 돈으로 다른 장사를 준비하는 것이 안전하다. 남의 돈으로 빨리 성장하려고 할 때 내가 경험해보지 못했던, 예상치 못한 문제가 발생하면 감당할 수가 없다.

 아직도 사람들은 성장지상주의에 사로잡혀 있고, 성장하지 않으면 퇴보하는 것이며 죽는 것이라 생각하곤 한다. 하지만 성장이 느려서 망하는 가게보다 성장이 너무 빨라서 망하는 가게가 훨씬 많다.

성장과 안정

고만고만한 놈 여러 개보다 똑똑한 놈 하나가 낫다

어떤 출판사에 갔더니 사무실 내부에 크게 현수막이 걸려 있고, 거기에는 '월 매출 1억 사수'라고 적혀 있었다. 그 현수막을 보고 사장이 얼마나 매출에 신경을 쓰는지 알 수 있었다. 실제로 요즘 출판사들은 책이 팔리지 않아서 엄청난 불황에 시달리고 있다.

그런데 교보문고에 가보면 엄청나게 많은 책이 광고를 목적으로 쌓여 있다. 보통 대형 베스트셀러들은 책을 탑처럼 쌓아두고 광고를 한다. 책이 쌓여 있는 것을 보면 그 책이 잘 나가는 것 같고 이런 심리 효과로 실제로 책이 더 팔린다. 그러나 이것은 실제로 손익을 따져보면 별로 남는 장사가 아니다.

교보문고 현관 기둥에 책을 전시하려면 출판사는 월 300만 원 정도를 서점에 내야 하고, 현관에서 좀 들어와야 하는 안쪽 기둥에 전시하려면 월 200만 원 정도를 내야 한다. 이 광고비를 뽑으려면 몇 권의 책이 팔려야 할까? 보통 출판사에서 1만 원짜리 책을 서점에 납품하면 정가의 55퍼센트 정도를 받는다. 과거에는 70퍼센트 수준까지 받았지만 지금은 거의 절반 가격으로 떨어졌다. 즉 1만 원짜리 책을 판매하면 서점은 45퍼센트인 4500원을 가져가고 출판사는 55퍼센트인 5500원을 가져간다. 이 비율은 책의 종류나 출판사의 규모에 따라 약간씩 다르지만 대부분이 이 정도다. 한편 출판사는 저자 인세로 10퍼센트를 줘야 하고 25퍼센트 정도는 종이 값 등의 원재료비나 제작비로 들어간다. 할인쿠폰이나 가격을 할인할 때 오는 부담도 출판사의 몫이다.

결국 책 한 권당 1000원 정도밖에 남지 않는데 한 달 동안 500만 원의 광고비를 지출하면 교보문고 광화문점 한 곳에서만 한 달에 500권을 팔아야 한다. 요즘 우리나라에서는 이 정도가 팔리면 종합베스트 10위 안에 들 수 있다. 그런데 교보문고 기둥에 진열되어 있는 책을 보면 종합베스트 100위 안에도 못 드는 책들이 허다하다. 결국 매출을 위해서 비용을 과다하게 지출하고 있으며 손해인지 이익인지 따져보지 못하고 광고비를 지출하고 있는 것이다.
　똑똑한 마케터라면 어느 정도가 손해인지를 알 수 있을 것이다. 그런데도 이런 광고를 할 수밖에 없는 이유는 손해를 보더라도 책 판매 순위를 유지하려는 출판사의 매출목표 때문이다.

　장사하는 사람들에게서 이런 경우를 많이 본다. 혁신과 성장을 외치며 무엇을 하지 않으면 세상이 끝날 것처럼 생각하고, 계속하여 성장지상주의를 외친다. 그런데 망하는 가게의 대부분은 자꾸 성장을 위해 무엇인가를 시도하다가 속도 조절을 못해 쓰러진다.

　어떤 사람들은 성장을 안 하면 기업이 돈을 벌기 쉽지 않을 것이라고 주장한다. 성장을 하면서 돈을 벌려면 성장과 안정단계를 함께 거쳐야 한다. 즉 5년 정도 성장했다면 5년간은 안정단계에서 관리비용을 줄이면서 이익을 내고, 그 기간 동안 회사의 역량을 만들어야 한다. 그런데 사람들은 5년 정도 급성장을 하면 그것을 자신의 실력으로 맹신하고 계속 성장하려고 한다.
　성장의 한계를 인정하자는 것은 성장을 하지 말자는 이야기가 아니다. 내 능력만큼만 가자는 것이다. 장사하는 사람들은 가진 능력보다 더 빨리, 더 많은, 또 더 큰 것을 시도하여 위험을 자초하곤 한다.

살아가면서 자기 자신을 아는 것이 가장 어렵듯 장사에서도 자기 능력의 한계를 아는 것이 가장 힘들다. 하지만 숫자를 조금만 알고 계산하면 간단하게 자신의 능력을 판단할 수 있다. 성장을 안전하게 하려면 장사로 벌고 있는 현금 범위 내에서 투자하면 된다. 올해 100만 원의 현금이 들어왔는데 투자를 이것보다 더 많이 하면 한계를 벗어나는 것이다. 성장하는 단계에서 쓰러지지 않으려면 현금에 역점을 둬야 한다. 기업의 현금이 어디로 나가는지 정확히 파악해야 하고 사업의 모든 우선순위를 현금에 두어야 한다. 결국 유동성 위기는 모두 현금이 부족해서 발생한다.

특히 지금 운영하는 가게와 동일한 가게를 하나 더 만들어내는 것은 말리고 싶다. 가게가 하나 더 늘어나면 사장은 신경을 2배 이상으로 써야 하는데 신경을 써도 대부분은 본점에서 번 이익으로 나중에 생긴 직영점의 손실을 메워야 한다. 이것은 동업을 반대로 생각해보면 이해하기 쉽다. 비용을 줄이고 시너지 효과를 올리기 위해 성향이 다른 사람들끼리 동업을 하는 마당에 반대로 복제 가게를 하나 내는 것은 오히려 내 역량을 분산하여 비용을 늘리는 결과를 가져온다. 가게가 늘어서 겉으로는 좋아 보일지 모르지만 차라리 그 노력을 현재 운영하는 가게에 쏟는 것이 훨씬 실속이 있다. 고만고만한 가게 여러 개를 운영하는 것보다 똑소리 나는 가게 하나를 잘 운영하는 것이 더 많은 이익을 가져다 준다.

성장과 안정

길거리 감귤장사가
돈을 버는 법

지금까지 성장지상주의의 문제점을 살펴보았는데 이것만 보면 성장하지 말라는 말처럼 들릴 수 있다. 그러나 나 또한 성장은 반드시 필요한 것이며 성장하지 않는 사업가는 사업가 정신이 부족하다고 생각한다. 내가 강조하고 싶은 것은 자신의 체력에 맞는 안정적인 성장이다. 그렇다면 어떤 방식이 안정적인 성장인지 사례를 통해 알아보자.

헬스클럽을 운영하는 고객사에 갔는데 아침부터 열심히 운동하는 사람들이 많았다. 나는 '저들은 도대체 무슨 일을 하는 사람들이기에 출근도 안 하고 운동을 하고 있을까?' 하는 궁금증이 들어 헬스클럽 사장님을 만나자마자 물어보았다.

"저 사람들은 무슨 일을 하는 사람들이죠?"

사장님은 웃으면서 말했다.

"대부분 감귤농사를 짓는 사람들입니다. 감귤농사를 하면 한 달에 2~3번 정도만 감귤 밭에 나가고 그 외에는 별다른 할 일이 없죠. 대부분 인부를 써서 농사를 짓기도 하고요. 지금은 감귤농사도 끝난 시즌이라 운동하러 다니고 놀러 다니고 그러는 거죠."

감귤농사를 짓는 사람들은 대부분 두 가지 일을 하는 사람들이라고 한다. 농사를 짓는 데 시간이 많이 들지 않으니 공무원 생활을 겸하기도 하고 자기 사업을 하면서 감귤농사를 짓는 사람들도 있었다.

한적한 길거리에 컨테이너를 설치하고 감귤직판을 하는 곳이 종종 있다. 마트에 가면 감귤을 쉽게 살 수 있기 때문에 어느 누구도 길거리에서 감귤을 사지는 않을 것 같은데도 꼭 하나씩은 있다. 길을 지나다가 저런 감귤직판 매장을 볼 때면 과연 이익을 남길 수 있을까 하는 호기심을 가졌었다. 또 저런 데서 장사하는 사람들은 어떤 사람들일까도 궁금했다. 그런데 우연히도 헬스클럽에서 그 의문을 해결했다. 길에서 직판매장을 운영하는 사람들은 감귤농사를 짓는 사람들이었다. 농사를 해도 시간이 많이 남으니 직접 농사지은 감귤을 길거리에서 팔고 있던 것이다.

도매로 가면 가격이 떨어지니까 소매로 직접 판매하는 게 이익이었다. 직접 농사를 지었기 때문에 물건에 대한 원가는 거의 없었고, 또 도매에 비해 높은 가격을 받을 수 있어 마진율도 아주 높았다. 한적한 길거리에서 장사하기 때문에 임차료 걱정도 없었다. 판매량이 많지는 않지만, 어차피 여유 시간이 넉넉하니 일당 정도는 충분히 벌 수 있었다. 부업으로 하는 사람이라면 하나도 팔리지 않는다 해도 딱히 손해가 아니었다.

장사는 이렇게 핵심사업보다 부업에서 수익성이 좋은 경우가 많다. 추가적인 원가가 거의 들지 않고 판매액 전체가 마진이 되는 경우가 많기 때문이다. 그리고 핵심사업과 연결되어 있는 부업이니 해도 그만, 안 해도 그만이고 부업을 접었다고 해서 핵심사업이 무너지는 것은 아니기 때문에 위험부담이 거의 없다.

성장과 안정

본업에 숟가락 하나 더 얹어라

나는 처음 회계컨설팅회사를 시작할 때 어떻게 하면 대형 회계법인처럼 여러 전문가들이 함께 일하게 할 수 있을까 고민하다가 파트너십을 유지하여 서로 업무협조가 될 수 있도록 하는 방식을 생각해냈다. 변호사, 법무사, 감정평가사 등의 전문가들과 패밀리 네트워크를 만들어서 서로의 지식을 공유하는 것이다. 큰 회계법인은 변호사나 기타 전문가들을 직원으로 채용해서 쓰지만 작은 회계사무소 규모에서 이런 전문가들을 채용하기 어렵기 때문이다.

파트너십으로 수익이 생겼을 때 수입이 나뉘는 단점은 있지만 고정비가 들어가지 않으니 부담은 적었다. 나름대로 이 방식은 성공적이었는데 특히 우리에게 법무사는 가장 도움이 되는 파트너였다.

법인을 설립하면 법무사를 거치고 그다음에 회계사무소로 가는 게 일반적인 수순이다. 법무사가 길목을 잘 닦아놓으면 여기에서 탄생한 법인들이 훗날 내 고객으로 연결될 것이다. 산부인과와 사진관이 제휴하는 것과 마찬가지다. 사진관에서도 아이들이 태어나면 사진을 찍을 것이기에 미리 산부인과와 제휴하여 고객을 잡아둔다.

그래서 나는 제주도에서 제일 큰 법무사를 찾아갔고 그들을 설득해서 단순 업무제휴가 아니라 고객을 적극적으로 소개해주는 파트너십을 만들었다.

법무사는 전직 검찰 출신에다 나보다 스무 살이나 많은 분이었다. 그는 한창 젊었던 내게 사무장을 소개시켜주었다. 그때 살짝 기분이 상하긴 했다. 대통령끼리 정상회담을 하듯이 사장은 사장끼리 만나서 이야기해야 하는데 법무사 측에서 직원을 보내니 기분이 좋지 않았다. 그런데 그 사무장을 만나보니 더 기분이 나빠졌다. 키도 훤칠하니 법무사 사무장을 하기에는 너무나 잘 생겼던 것이다. 처음에는 좀 불편하게 생각하고 만났는데 후에 사무장의 재산이 수십억 원이라는 말을 듣고 나서는 곧바로 형님 소리가 절로 나왔다.

그와 친해지고 더 많은 이야기를 나누면서 궁금한 것이 생겼다. 그의 재산에서 나오는 수익이 한 달에 수천만 원은 되는데 그에 비하면 법무사 사무장 월급은 형편없이 적다. 그런데도 그는 왜 야근을 하면서 법무사 사무장 일을 하고 있는 걸까? 투자 수입만으로도 충분히 먹고살 수 있는데 말이다. 의문이 사라지질 않아 어느 날 기회를 틈 타 이에 대해 물어보았다.

그는 부동산 투자로 큰돈을 벌었는데 이게 다 법무사 일 덕분이라고 했다. 법무사의 일은 크게 두 가지로 구분된다. 하나는 법인등기 업무다. 사람이 태어나면 호적신고를 하듯이 회사가 설립되면 법원에 설립등기를 하게 되는데 이 업무를 대행해주는 일을 법무사가 하게 된다. 한편 주택이나 토지를 매매하게 되면 소유권을 이전하게 되는데 이것도 토지나 부동산대장에 등기를 해야 하니 법무사의 일이다. 대부분의 법무사들은 법인등기를 하거나 부동산 매매등기를 해주고 수수료를 받는 것에 집중한다. 그러나 사무장은 수수료만 받아서는 돈을 버는 데 한계가 있다고 생각하고 어떻게 하면 더 돈을 벌 수 있을까 고민했다고 한다.

그렇게 10여 년 동안 법무사 일을 하다 보니 회사와 부동산을 보는 눈이 생겼다. 자신이 등기해준 회사 중에서 잘된 회사도 있고 망한 회사도 있는데 어떤 사람이 어떻게 사업을 하면 회사가 잘되는지, 어떻게 하면 망하는지 감이 오기 시작했다. 또 부동산도 어떤 부동산의 가격이 오르고 어떤 부동산의 가격이 떨어지는지 보는 눈을 갖게 되었다.

그러고 나니 어떻게 돈을 벌어야 하는지 방법 또한 깨달았다. 마침 10년 동안 월급을 모아 저축한 돈 1억 원이 있었다. 그는 이 돈을 자신의 본업과 연결시켜 투자했다. 사업을 할 때 자신의 돈으로만 사업하는 사람은 거의 없다. 사업을 시작하는 사람들은 대부분 주주를 모으거나 은행에서 차입을 해 사업자금을 마련한다. 사무장은 그런 회사 중에서 잘될 것 같은 회사를 만나면 자신의 돈을 투자하고 이익을 배분했다. 법무사는 권리확보에 전문적인 노하우가 있기 때문에 손해 보지 않을 방법을 찾아 담보를 설정하거나 채권을 확보하는 방법으로 안정적인 투자를 할 수 있었다.

한편 부동산을 구입하려는 사람도 자기 돈 외에 대출이 필요했다. 사무장은 그런 고객을 만나면 부동산의 가치가 있는지 살펴보고 고객과 공동투자를 했다. 역시 돈 떼일 위험을 막기 위해 채권확보를 한 다음 관리까지 해주는 방식으로 부동산투자에 나섰다. 또 부동산에 압류나 공매 건이 있을 경우 일시적으로 돈을 빌려주고 높은 이자를 받는 방법도 활용했다. 이렇게 투자를 해서 종잣돈을 단기간에 큰돈으로 불려나갔고 이것이 그가 돈이 되지 않더라도 사무장 일을 그만두지 않는 이유였다.

내가 생각하는 가장 안정적인 성장도 법무사 사무장과 같은 방법이다. 즉 자신의 돈을 본업과 전혀 다른 곳에 투자하는 것보다 지금 하고 있는 일과 연결해 본업을 하면서 동시에 신규사업을 할 수 있는 것이 안정적이고 확실한 방법이다. 이렇게 본업과 연결된 분야를 연결경영이라고 한다.

내가 회계사로서 컨설팅을 하고, 기업을 분석해서 투자를 하고, 그 경험을 강의하고, 책을 쓰는 것은 모두 회계사의 노하우에 숟가락을 하나 얹은 것이다. 손님 수를 늘리기 위해 지금 하는 장사의 복제판을 만들어서 점포 수를 늘리는 것은 경쟁사에 비하면 아무런 차별성이 없다. 업종 전체적으로 시장 규모를 키우는 것이 아니라 다른 가게의 손님을 잠시 내 가게로 오게 한 것일 뿐이다. 손님은 방심하면 언제든지 다른 가게로 옮길 수 있다. 손님 수를 늘리는 것보다 오히려 지금 오는 손님을 관리해 돈을 좀 더 쓰게 만드는 전략이 연결경영일 것이다.

점포수를 늘리는 것은 돈으로 투자하는 것이지만 손님이 돈을 더 쓰게 만드는 것은 머리로 하는 것이다. 여러 가지를 하려고 자꾸 일을 벌이는 것보다 자신이 잘하는 것을 하면서 거기에 숟가락 하나 더 얹는다는 생각으로 전략을 세우는 것이 오히려 돈 버는 지름길이다.

가격과 가치

손님이 돈을
쓰고 싶게 만들어라

가족들과 함께 뮤지컬을 보러갔다. 1인당 가격이 3만 원이었는데 아내가 이렇게 말했다.

"할인권이 없어도 할인받을 수 있는지 물어봐."

그래서 나는 출발하기 전에 극단에 문의를 했다.

"예약하지 않았는데 할인받을 수 있나요?"

"할인권이 없으신가요?"

"네."

"그러면 공연장에 가서 이 실장과 통화했다고 말하고 할인해 달라고 하시면 됩니다."

사실 나는 이 실장이 누군지도 잘 몰랐지만, 공연장에 가서 이 실장과 통화했다고 말했다. 우리는 20퍼센트 할인을 받아 2만 4000원에 뮤지컬을 보고 왔다. 물론 할인을 해주지 않았더라도 보려고 했지만, 대부분의 공연이 할인티켓을 손쉽게 얻을 수 있기 때문에 제값을 내고 보면 오히려 손해라는 생각이 들긴 했다.

공연장에는 100여 명의 관객밖에 없었으니 1인당 2만 4000원씩 받았다면 240만 원 정도의 매출이었다. 하루 세 번의 공연이었으니 하루에 700만 원 정도의 매출인데 한 달 동안 공연할 수 있는 날이 몇 번 안 되기 때문에 총 매출도 얼마 되지 않는 데다가 재료비와 공연장 임차료를 빼고 배우들 8명이 나눠 가지면 직장생활 월급 수준 정도밖에 되지 않을 것 같았다.

공연을 다 보고 나오는 길에 아내에게 전화가 왔다.
"재미있게 봤어?"
"응. 예림이는 조금 무섭다고 했는데 그래도 만족했어."
"준희 엄마가 무료티켓 있었대. 조금만 일찍 전화 받았으면 무료로 볼 수 있었는데."
준희 엄마는 방송국에 근무한 경험이 있어서 방송국을 통해 종종 무료티켓을 얻곤 했는데 이번에 우리가 본 공연의 무료티켓도 있었던 모양이다. 내 생각에 우리는 형편이 되니까 제값을 내고 보더라도 전혀 부담이 되지 않는데도 아내는 무료 티켓을 놓친 것을 진심으로 아쉬워했다.

공연 수익이 안 나는 이유는 가격할인과 무료티켓 때문이다. 너무나 많은 가격할인과 무료티켓은 오히려 정상가격을 주고 보는 사람이 손해라고 생각하게 만든다. 이러니 누가 제 돈 내고 공연을 보려고 하겠는가? 사업에서도 우리는 매출을 늘리기 위해 가격할인과 무료증정을 자주 하는데 이익을 숫자로 생각하여 보면 오히려 정상가격을 받는 것이 장기적으로 손님 확보에 도움이 된다는 것을 금방 알 것이다. 가격할인으로 오는 손님들은 가격할인이 없어질 때 사라질 고객들이기 때문이다.

이런 현상은 이익보다는 판매량과 손님 수를 더 중요하게 생각하기 때문에 발생한다. 장사에서 이익을 얻기 위해서는 대부분 상당한 자본을 투자하여 노력을 해야 한다. 또 씨를 뿌린 뒤 추수하기까지 오랜 시간을 기다려야 한다. 그러나 가격을 올리는 방법은 자본이 필요한 것도 아니고 곧바로 실천이 가능하며 즉각적으로 이익을 늘려주는 방법이다. 그런데도 장사하는 사람들은 가격을 올리는 것 자체를 비도덕적인 일처럼 간주하고 시도조차 안 하는 경우가 많다.

가격을 올리면 손님이 줄지만 마진이 커지고, 가격을 내리면 손님이 늘지만 마진이 줄어든다. 그래서 장사하는 사람들은 손님이 가장 많이 올 수 있는 가격을 기준으로 책정한다. 나는 내 고객 중 공연기획사로 있는 분께 이런 컨설팅을 해주었다.

"비즈니스의 관점에서 가격결정을 할 때 가장 중요한 원칙 중 하나는 손님이 많이 올 수 있는 가격이 아니라 이익이 가장 많이 나는 가격을 찾는 것입니다. 또 싼 것을 찾는 손님들을 잡기 위해 가격을 낮출 경우, 좀 비싸도 기꺼이 구매할 의사를 갖고 있는 손님들을 대상으로 벌 수 있는 이익까지 줄어드는 문제가 생겨버리죠."

즉 가격대별로 손님 수와 마진을 계산해서 각각 얼마나 이익을 낼 수 있는지 판단해야 한다. 가격대별로 매출과 원가, 그리고 이익을 분석하여 가장 큰 이익을 가져다줄 가격을 결정해야 한다.

많은 가게들이 고객 수를 늘리는 데 집중하느라 더 중요한 수익을 포기한다. 그래서 손님 수는 많은데 항상 적자고 돈 걱정을 하게 되는 것이다. 지인 중 아카데미와 리서치 회사를 운영하는 원장님도 홍보 목적이나, 거래처 확보 차원에서 무료로 강의나 상담을 한 적이 있다고 한다. 그런데 그가 무료로 강의나 상담을 하니 고객들도 가치를 낮게 평가했다. 오히려 무료로 받으니까 받아도 그만, 받지 않아도 그만이라는 인식이 팽배해졌다. 그리고 다음에도 무료로 해주지 않으면 서운해했다.

가격할인은 가격전쟁을 초래하여 사상자를 낼 뿐 수요창출에는 도움을 주지 못하는 것 같다. 더욱 심각한 것은 가격할인이 곧바로 이윤감소로 이어진다는 것이다. 맥킨지 연구결과에 의하면 단위 판매량의 증가 없이 1퍼센트의 가격할인이 이루어지면 영업이익은 평균 8퍼센트 감소한다. 가격할인 정책을 쓰는 무능한 기업은 일종의 '가격 살해범'이라고까지 불린다.

가격을 정할 때 판매량이나 손님 수를 늘리는 것이 목적이 되어서는 안 된다. 매출보다는 이익과 현금이 중요하다. 앞으로 팔고, 뒤로 밑지는 경우가 대부분이기 때문이다. 더욱 중요한 것은 가격할인이 제품이나 서비스의 가치를 낮춰버리면 안 된다는 것이다. 우리 스스로의 가치를 높이기 위해서는 제품이나 서비스에 맞는 명품의 가격정책을 써야 한다. 가격인상은 그 자체로 추가비용 없이 이익을 올리는 것이므로 가장 수익성이 좋은 방법이다. 그러나 손님이 떨어져나갈 수 있기 때문에 가격을 인상하는 것이 쉬운 일은 아니다. 어떻게 하면 손님 감소를 최소로 하면서 가격을 올리고 이익을 늘릴 수 있을까?

내가 처음으로 회계컨설팅 사업을 시작했을 때 평균 양도세신고 수수료가 건당 5만 원이었다. 양도세 계산 프로그램에 입력만 하면 되기 때문에 10분도 채 안 걸리는 것이고 그래서 나 또한 5만 원만 받아도 되겠다는 생각이 들었다. 혹시나 싶어 다른 회계사들한테도 확인해보니 오랫동안 양도세 수수료는 5만 원으로 해왔다고 했다. 그런데 양도세는 부동산을 대상으로 하므로 나중에 세무 문제가 자주 터졌다. 양도한 부동산 외에 다른 부동산 현황에 따라 세금이 달라질 수 있는데 이런 정보를 모르고 세무신고를 했다가 나중에 크게 혼이 나는 경우가 많았다. 나는 양도세 신고에 필요한 시간은 10분이지만 훗날의 사후관리까지 감안하면 50만 원 정도는 받아야겠다는 생각을 했다. 내가 양도세 수수료를 50만 원 정도로 올리자고 말하자 직원들이 말했다.

"고객들이 펄쩍 뛸 거예요."

"너무 비싸다고 하지 않을까요?"

그러나 나는 오히려 수억 원씩 하는 부동산 하나 파는데 수수료를 5만 원만 받으면 고객이 더 이상하게 생각할 것 같았다. 회계사 문턱이 높은 줄 알았는데 낮아도 너무 낮아 반지하로 들어가는 기분까지 들었다. 나는 5만 원을 받고 10건을 처리하느니 차라리 50만 원으로 올려 9건을 놓치고 1건만 하더라도 가격을 인상하는 쪽을 택하겠다고 말했다. 그리고 정말 가격을 올렸다.

그 후에 어떤 일이 일어났을까? 고객이 많이 떨어져나갔을까? 전혀 그렇지 않았다. 고객들은 오히려 다른 데보다 비싸지만 신뢰가 있어 보인다며 찾아왔다.

무조건 가격을 올리는 것도 위험하지만 가격을 올리면 반드시 매출이 감소할 거라고 걱정하며 시도조차 해보지 않는 것이 더 위험하다. 가격을 올려도 그 이상의 가치를 느끼게 만들면 손님들도 비싼 가격을 기꺼이 지불한다.

한편 고객 수 감소로 매출이 감소하면 비용도 함께 감소하므로 이익은 매출액의 일정분만 감소한다. 그러나 가격 상승으로 인한 이익증가는 가격 상승액 전체가 된다. 결국 매출은 변동이 없었지만, 이익이 훨씬 늘어나는 것이다. 또한 여기에 기회비용까지 고려해 계산한다면 이익은 훨씬 더 늘어난다. 없어진 세 곳의 일을 처리할 시간에 다른 고객의 일을 처리할 수 있고, 최악의 경우라면 세 곳만큼의 직원 인건비가 줄어들기 때문에 이익이 증가한다.

가격을 올리는 것과 고객 수가 감소하는 것을 비교할 때 체크해야 하는 것은 가격과 변동비다. 즉 한 고객당 순이익이 얼마나 증가하고 감소하는지를 파악하는 것이 의사결정을 정확하게 해준다. 단순히 느낌만으로 고객감소를 크게 생각하지는 마라. 오히려 일하지 않는 것이 버는 것일 경우도 많다. 소규모의 가게에서는 가격을 인상하는 것이 참 어려운 일 같지만 불가능한 일은 아니다. 가격 인상보다 더 높은 가치를 느끼게 해주면 손님들은 가격이 비싸다고 생각하지 않는다.

김밥 집의 경우를 보자. 보통 일반 김밥은 2000원인데 참치김밥은 2500원으로 500원이 더 비싸다. 분명 참치의 원가가 500원씩이나 되지는 않으므로 참치김밥을 파는 것이 일반김밥을 파는 것보다 수익성이 좋다. 대부분의 손님들도 일반 김밥보다는 가격이 좀 비싸도 뭔가 더 들어간 김밥을 원한다. 여기에서 남들이 하지 않는 인상적인 재료를 넣어준다면 가격도 올리고 마진도 높이면서 손님들을 끌어올 수 있다. 다만 효과를 극대화하자면 추가로 들어간 재료에서 마진을 볼 생각을 하지 않는 것이 좋다. 가령 모든 김밥의 마진을 똑같이 하겠다는 의도만 있다면 김치나 참치김밥으로 손님들이 몰려들 것이다. 남들이 하지 못한 좀 더 인상적인 것을 고민해야 한다.

"고객에게 음식을 퍼줘서 망했다는 식당은 없다"라는 말은 음식을 무한정 퍼주라는 의미가 아니라 손님에게 가격보다 비싸게 느껴지는 가치를 제공하라는 의미로 받아들여야 한다. 사람들은 비용을 아끼다가 고객 만족도를 떨어뜨리는 실수를 곧잘 하는데 차라리 가격을 좀 더 받더라도 그 이상의 것을 주는 것이 더 낫다.

가격과 가치

스토리를 볶으면 가격이 올라간다

제주에 오는 관광객들에게 가장 기억에 남는 곳이 어디냐고 물어보면 많은 사람들이 우도를 꼽는다. 우도는 아무리 여유 있게 천천히 돌아도 반나절이면 돌 수 있는 곳이라서 오전에 들어갔다가 오후에 배를 타고 나오는 코스가 일반적이다. 그러므로 대부분의 식당도 저녁장사보다는 점심장사에 승부를 건다.

우도의 맛집 중 가장 유명한 곳은 '로뎀가든'이다. 로뎀가든의 주 메뉴는 1인분에 1만 4000원 하는 한치주물럭이지만 인기가 가장 많은 것은 3000원짜리 한라산 볶음밥이다. 관광객을 대상으로 하는 대부분의 제주도 식당들이 그렇듯이 반찬은 손이 잘

가지 않고 한치주물럭도 생각보다 매워서 기대치에 미치지 못한다. 그러나 한치주물럭을 먹고 난 다음에 나오는 한라산 볶음밥은 로뎀가든이 왜 유명해졌는지를 알려주는 대표 메뉴다. 어떤 손님들은 한라산 볶음밥을 먹기 위해서 한치주물럭을 먹는다는 말도 한다.

한라산 볶음밥은 참 단순하다. 일반 고깃집에서 먹는 볶음밥과 차이가 거의 없다. 그런데 로뎀가든만의 차별화가 있다. 음식에 설명을 곁들이는 것이다. 먼저 볶음밥을 둥글게 모아준 다음 가운데를 숟가락으로 눌러 한라산 분화구를 만들어준다. 그리고 계란 몇 개를 풀어 볶음밥 정상에 만든 분화구에 부어주면 계란이 분화구에 가득 차고 넘쳐서 밖으로 흘러내린다. 마치 화산 분화구가 터져서 용암이 흐르듯 계란은 줄줄 흘러내려가 제주도 지형과 비슷한 모양이 된다. 둥그렇게 퍼진 계란의 형태는 제주도 그 가운데 우뚝 솟은 볶음밥은 한라산이다. 이때 직원은 숟가락에 계란을 묻혀 그릇 주변에 묻히면서 이것은 '마라도', 이것은 '우도'라고 설명해준다. 대부분의 손님들은 자지러지게 웃는다. 가격과 맛으로만 따지자면 점심으로 주물럭과 볶음밥을 먹는 데 1인당 1만 5000원 이상이 들어가니 꽤 비싼 편이고 맛도 그렇게 신통치는 않다. 그러나 제주도 지형이 탄생하게 된 배경을 볶음밥을 만드는 과정을 통해 설명해주니까 손님들의 입장에서는 비싼 가격보다 더 가치 있고 재미있는 추억을 갖게 된다. 로뎀가든은 이런 차별화로 손님을 줄 세운다.

　가격을 결정하는 방법은 이렇게 다양하다. 보통은 옆 가게의 가격을 조사하여 매기거나 원가에 목표 마진을 더하여 가격을 매긴다. 그러나 손님이 줄 서는 가게들은 이러한 방식들을 따르지 않는다. 손님이 줄 서는 가게는 고객의 만족을 기준으로 가격을 매긴다. 손님들이 얻는 가치를 생각해 가격을 책정하면 원가나 경쟁자 가격은 중요한 요소가 아니게 된다.

가격과 가치

메뉴의 가격을
올리는 법

　김지현 사장님은 6년째 토스트 가맹점을 운영하고 있다. 이전에는 고향에서 감자탕 식당으로 돈을 꽤 모았는데 밤늦게까지 장사하는 것이 힘들어서 벌이가 적더라도 조금 편한 장사를 해보겠다고 자리를 옮겨 토스트 식당을 시작한 것이다. 그녀의 고향은 너무 작은 소도시여서 토스트 가게가 어려웠으므로 그녀는 유동인구가 많은 수도권으로 와서 가게를 시작했다. 이미 웬만한 곳에는 모두 토스트 가맹점이 있어서 주택가에 위치한 프랜차이즈 토스트 가맹점을 인수해 장사를 시작했다. 전 주인이 시설권리금으로 최초 설비에 4000만 원 정도를 투자했고 3년 정도 운영을 해왔던 터라 그동안 감가상각된 것을 빼고 시설권리금 1500만 원을 지급했다.

나름대로 김지현 사장님은 장사를 위한 숫자 마인드가 있어 장사를 시작하기 전 여러 가지를 꼼꼼하게 살폈다. 본사가 가맹점주에게 그렇게 횡포를 부리지는 않는 것 같아서 믿음이 갔고 그래서 많은 프랜차이즈 중에서 해당 토스트 프랜차이즈를 선택했다. 가장 문제가 되는 리모델링은 10년에 한 번 정도인데 이것도 권장만 하고 강요는 안 했다. 하지만 본사가 따로 강요하지 않더라도 그녀 스스로 10년째 되면 몇백만 원 투자해서 리모델링을 해야겠다는 생각을 했고, 그래서 한 달에 2~3만 원짜리 10년 만기 적금도 붓고 있었다. 한 달에 몇 만 원은 큰돈이 아니지만 10년 후에 수백만 원의 돈을 한 번에 지불하려면 부담이 될 것이기 때문이다. 이 돈으로 리모델링을 하고 또 그 이후 리모델링을 위한 10년 만기 적금을 다시 들 예정이라고 했다.

보통 토스트는 개당 1500원 정도가 권장가격이었고 가맹점별로 가격을 인상하는 경우가 있었다. 재료는 빵과 계란, 햄, 소스가 들어가고 대부분의 재료가 본사에서 직접 공급되었다. 빵도 본사와 제휴된 빵 제조업체에서 공급했고 배달까지 해주었다. 일주일에 세 번 배달해주는데 빵 가격이 보통 시중가보다 30퍼센트 이상 저렴했다. 김지현 사장님은 재고가 전혀 없다는 것을 토스트 가게 최대의 장점으로 꼽았다. 토스트는 주문이 들어오면 그때 만들기 때문에 재고가 생길 수가 없으며 빵 재고 부담을 가게가 아니라 빵 제조업자가 갖고 있었다. 일주일에 세 번 오지만 더 와달라고 해도 세 번이 최대고, 빵이 남으면 안 와도 된다고 연락만 하면 되었다. 빵이 모자라면 마트에서 비싸게 사야 하기 때문에 재고가 떨어지지 않게 약간 신경을 써야 했지만 유통기한이 일주일 정도 되기 때문에 그런 경우는 거의 없었다. 다른 햄이나 소스는 유통기한이 상당히 길기 때문에 재고를 버리는 일도 없었다.

보통의 음식처럼 토스트도 매출액의 50퍼센트가 비용인데 그중 재료비가 400원 정도로 30퍼센트고 전기, 수도, 청소비 등의 관리비가 20퍼센트 정도였다. 그녀는 직접 재료비를 계산하여 원가구조를 파악하고 있었다. 토스트 한 개당 빵이 2개가 들어가니까 100원, 계란 1개 100원, 햄 70원, 소스 100원 등이었다. 소스는 한 통으로 토스트 몇 개를 만들 수 있는지 세어보고 한 개를 만드는 데 100원 정도가 들어간다는 사실을 알았다. 그렇게 계산하니 토스트 1500원짜리 한 개를 팔면 원가가 750원이고 마진이 750원이었다. 이렇게 100개를 팔면 7만 5000원, 휴일 없이 한 달간 팔면 200만 원 정도의 이익을 올릴 수 있었다. 시설권리금 1500만 원은 몇 개월 만에 회수했다.

휴일이 없다는 것이 좀 흠이지만 직장인이 필수적으로 겪어야 할 스트레스를 받지 않고도 여자가 한 달에 200만 원을 꾸준히 벌 수 있다면 괜찮은 편이었다. 굵지는 않아도 가늘고 길게 살아가자는 것이 그녀의 철학이기도 했다. 이는 투자비로 많은 돈이 들어가지 않았기 때문에 가능했다. 하지만 그런 그녀조차도 매달 꾸준히 성장 없이 지속되는 일상에 뭔가 지루함을 느끼고 있었다.

장사를 했으면 대박은 아니더라도 성장에 대한 목표나 발전이 있어야 하는데 토스트 가게 하나로는 이런 꿈을 꿀 수조차 없었다. 그래서 그녀는 이런 방식의 토스트 가게를 몇 개 더 내볼까 생각했다. 아르바이트를 써서 한 달에 100만 원 정도 인건비를 지출한다 하더라도 매장 하나에서 순이익이 100만 원 이상 나온다면 괜찮을 것도 같았다. 가게를 5개 가지고 있으면 500만 원이 되고 10개 가지고 있으면 1000만 원이 되는 것이다. 그러나 김지현 사장님의 남편이 극구 반대를 했다. 워낙 소심하고 욕심이 없는 사람이라 매출증가보다는 비용을 줄이고 허리띠를 졸라매는 방법을 연구하는 데에 더 적성이 맞는 성격이었다.

　남편의 반대로 김지현 사장님은 매장 늘리는 것은 포기하고 어떻게 하면 토스트 가게에서 이익을 늘릴 수 있을지를 골몰했다. 고객 수가 거의 정해져 있는 상권에서 판매량 자체를 늘리는 것은 한계가 있었다. 비용도 본사에서 가져오는 가격이 딱 정해져 있어 절약할 수 있는 방법이 없었다.

　그녀에게 컨설팅하면서 내가 주목한 것은 가격이었다. 하루에 100개를 판다고 가정했을 때 가격을 100원만 올리면 1만 원의 이익이 오르고 500원을 올리면 5만 원의 이익이 올라간다. 한 달이면 150만 원의 이익이 올라가는 셈이었다. 김지현 사장님은 학생들 코 묻은 돈을 빼앗는 것 같다며 망설였지만 결국은 가격을 2000원으로 올리고 그 이상의 가치를 느끼게 해주겠다고 마음먹었다.

　그녀는 어떻게 하면 가격에 맞는 가치를 전달할 수 있을지 그 방법을 고민하다가 베이컨 토스트에서 답을 찾았다. 잘 보니 베이컨 토스트의 경우 들어가는 베이컨이 너무 적어서 토스트를 만들고 나면 베이컨이 들어갔는지조차 모르는 경우가 많았다. 베이컨을 약간 크게 썰어서 넣고 가격을 500원 올리면 어떻겠느냐고 제안했다. 베이컨을 조금 크게 썰었다고 해도 원가로 따지면 몇십 원 정도인데 가격은 500원이나 올렸기 때문에 가격 인상만큼 이익도 증가했다. 손님들도 베이컨이 들어간 토스트에 2000원을 쓰는 것을 아깝지 않게 생각했다. 오히려 베이컨이 빵 사이로 비집고 나와 있으니 더 먹음직스러워 보였다. 손님들이 가치 있게 느끼는 부분을 잘 보았다가 그것을 제공하고 가격을 올렸더니 이익이 늘어난 사례다.

지금 팔고 있는 메뉴가 다른 가게와 비슷한 상황에서 가격경쟁을 하여 가격을 내리면 마진도 곧바로 줄어든다. 차라리 메뉴에 추가 서비스 재료를 더 넣거나 다양한 서비스를 더해 푸짐하게 보인다면 가격을 올려도 손님들이 늘어날 것이다. 가령 1만 원짜리의 평범한 샤브샤브 정식보다 1000원어치의 야채를 푸짐하게 추가로 주는 1만 1000원짜리 샤브샤브가 훨씬 인기가 좋을 수 있다. 1만 원짜리 메뉴나 1000원어치 야채를 서비스한 1만 1000원짜리 메뉴는 마진은 같지만 판매량을 늘려 이익을 보는 것이다.

이것은 큰 회사들도 많이 사용하는 제품 다양화 전략이다. 이를 주장하는 사람들은 모든 고객에게 동일한 가격을 제시하는 것은 현실적이지 않다고 말한다. 왜냐하면 고객들은 다 다르며, 원하는 것도 다르고, 지불하고자 하는 가격도 다르기 때문이다.

가격을 결정하는 것은 무엇보다 먼저 고객들이 지불하고자 하는 가격의 다양성을 인정하고 그 요구에 부응하려 애쓰는 과정이다.

그래서 여러 제품을 제시하되 싼 제품, 보통 제품, 프리미엄 제품 등으로 다양하게 출시해 보다 많은 손님에게 어필하는 것이다. 즉 어떤 한 제품에 서비스나 프리미엄 기능을 추가하거나 빼 가격을 조정한다. 물건의 가치를 중시하는 손님들은 가격이 비싸더라도 프리미엄 제품을 살 것이고, 저렴한 가격을 중요하게 생각하는 손님들은 보통 제품이나 싼 제품을 구매할 것이다.

외국에서는 출판사에서 책을 낼 때 보급판과 고급판 두 가지 버전으로 출간하는데 이것도 다양한 고객을 위한 맞춤 서비스다. 패스트푸드점도 다양한 할인 메뉴를 내놓는데 가격을 낮추면 마진율은 적지만 가격에 민감한 손님들까지 잡음으로써 매출을 올릴 수 있다.

가격과 가치

두 마리 치킨 가격의 비밀

우리 동네에는 두 마리 치킨집이 있다. 이 치킨집은 두 마리에 8000원을 받고 치킨을 판다. 한 마리의 가격은 5000원이다. 한 가족이 치킨 두 마리를 다 먹기는 어렵지만 두 마리를 사는 것이 단가가 싸기 때문에 손님들은 대부분 두 마리를 구입한다. 치킨을 남겨도 비싸게 샀다고 생각하지는 않는다. 적게 먹어서 그렇다고 생각하며 자기 탓으로 돌린다.

그러면 과연 치킨집은 한 마리를 5000원에 파는 것과 두 마리를 8000원에 파는 것 중 어느 쪽이 이익일까?

치킨집에서는 한 마리를 팔면 5000원의 매출이 생기는데 두 마리를 팔면 8000원의 매출을 얻으므로 매출이 올라간다. 그런데 혹시 매출이 올라가도 비용이 더 늘어서 마진은 줄어드는 것이 아닐까? 치킨집은 왜 두 마리를 1만 원이 아니라 8000원에 파는 것일까? 이것은 변동비와 고정비에 따른 마진 차이를 이용한 것이다. 치킨과 양념 등의 원재료가 2000원이라면 한 마리당 3000원의 마진이 생긴다. 따라서 치킨 두 마리를 8000원에 팔면 4000원의 마진이 남는다. 언뜻 보면 한 마리당 2000원의 마진밖에 남지 않아서 한 마리씩 파는 것보다 손해인 것 같지만, 전혀 그렇지 않다.

대부분의 고객들이 두 마리에 8000원 하는 닭을 5000원 주고 한 마리씩 사가면 손해라고 생각하므로 두 마리를 사간다. 그러면 치킨집에서는 4000원의 마진이 남고 있는 것이고 한 마리씩 파는 경우보다 1000원씩 이익을 남길 수 있다. 여기에서 튀기는 기계나 임차료, 종업원의 인건비 같은 비용은 치킨 판매와는 상관없이 발생하는 고정비므로 두 마리씩 팔거나 한 마리씩 팔거나 차이가 없다.

결국 치킨집은 두 마리에 8000원인 치킨을 한 세트로 보고 판매하는 것이다. 세트라 치고 마진을 따진다면 오히려 8000원에 파는 것이 마진율이 높고 매출도 늘릴 수 있는 방법이다.

손님들이 가격이 비싸다고 말할 때는 대부분 비교할 만한 기준점이 있다. 무언가 자신이 알고 있는 서비스나 물건의 기준가격에 비해 물건이 비싸다는 것이다. 그래서 대부분의 가게들은 가격을 인상하면 손님이 많이 줄어들 거라고 걱정한다. 하지만 그런 인상을 주지 않도록 치킨 집처럼 가격 비교자체를 어렵게 만들면 된다. 이에는 다양한 방법이 있다.

우리는 세무컨설팅 수수료를 책정할 때 고객들에게 수수료와 세금을 구분하지 않고 합해서 알려준다. 세금이 1000만 원이고 수수료가 500만 원이라고 말하지 않고 세금과 수수료 모두 해서 1500만 원이라고 말한다. 고객이 다른 곳의 수수료와 비교할 일이 없게 하려는 것이다. 또 합산해서 가격을 책정하면 세금을 줄일수록 수수료가 올라가니까 우리도 열심히 세금컨설팅을 할 수 있다. 대부분의 고객들도 여기에 동의해준다.

손님들의 비교대상을 바꿔버림으로써 가격을 올릴 수도 있다. 우리 회사에는 '경리업무 아웃소싱'이라는 서비스가 있다. 단순히 세무신고를 위한 장부정리뿐만 아니라 고객의 경리업무를 대신 해주는 것이다. 그리고 한 달에 100만 원 정도의 수수료를 받는다. 처음 이 서비스를 시작할 때 고객들은 왜 이렇게 수수료가 비싸냐고 했다. 보통 회계사무소 기장료가 10~20만 원 정도밖에 안 되는데 우리 수수료는 그보다 몇 배가 비쌌기 때문이다. 이런 경우 나는 비교대상의 기준 자체를 변경한다.

보통 경리직원 한 명의 인건비가 월 200만 원은 되는데 이 절반 정도의 수수료로 직원 한 명의 업무를 처리할 수 있다는 걸 설명하는 것이다. 비교대상이 다른 회계사무소 기장료에서 직원 인건비로 바뀌면 수수료 100만 원이 비싸게 느껴지지 않는다.

이렇게 다양한 방법으로 가격을 조정할 수 있다. 각자 내 가게에 어울리는 방법이 무엇인지 고민해본다면 얼마든지 이익을 높일 수 있는 방법을 찾을 수 있을 것이다.

가격과 가치

터무니없는 가격을 표시해놓은 이유는?

언젠가 바쁜 시즌이 끝나고 직원들을 격려하기 위해 회식을 하러 간 적이 있다. 직원들이 대게를 먹고 싶다고 해서 가끔씩 가는 대게마을에 예약을 했다. 가격을 알아보니 대게는 일반 대게와 킹크랩 두 종류가 있었는데 일반 대게는 1인분에 6만 원이고 킹크랩은 8만 원까지 올랐다고 했다.

우리는 당연히 일반 대게를 골랐다. 킹크랩이 맛있어 보이기는 했지만 2만 원이나 더 지불하고 먹기에는 부담이 되어서였다. 손님들의 심리를 이해하는지 직원도 먼저 나서서 일반 대게를 권했다.

"킹크랩이 왜 이렇게 올랐어요?"

"러시아에서 킹크랩 조업이 금지되고 있어서 공급량이 줄었거든요. 7만 원 정도만 해도 손님들이 킹크랩을 많이 찾으셨는데 8만 원으로 오른 후에는 대부분 일반 대게를 찾으시더라고요."

킹크랩의 높은 가격은 결과적으로 일반 대게의 가격이 저렴해 보이는 효과를 가져왔다. 직원의 말로는 매출도 더 늘었다고 한다. 가격에는 참고가격이란 것이 있다. 고객이 상품을 구입할 때 참고하는 가격이다. 다른 가게에서 파는 가격도 참고가격이고 우리 가게에서 파는 다른 메뉴도 참고가격이다. 감자탕 집에 가면 소, 중, 대로 가격을 책정해놓는 경우가 많은데 가장 많이 팔리는 감자탕이 '중'이다. 왠지 '소'는 좀 모자랄 것 같고 '대'는 좀 비싼 느낌이 들어서 '중'을 시키는 것이었다.

만약 대게집도 킹크랩을 7만 원으로 하고 8만 원짜리 프리미엄 메뉴를 만든다면 6만 원짜리 일반 대게보다 7만 원짜리 킹크랩이 더 잘 팔릴 수 있다. 8만 원짜리 프리미엄 메뉴가 추가됨으로써 고객의 참고가격이 높아졌기 때문이다. 대신 6만 원짜리 일반 대게는 뭔가 약간 부족한 듯 만들 필요도 있다. 6만 원짜리에도 충분히 만족을 해버린다면 굳이 7만 원짜리를 시킬 이유가 없어지기 때문이다.

길거리 참외장수도 이런 미끼가격을 많이 활용하곤 한다. 일찍 퇴근하여 아이들을 보던 날이었다. 막내를 데리고 병원에 다녀온 아내가 집에 돌아오자마자 이렇게 말했다.

"요 오거리에 참외장수 있던데 한 바구니에 5000원밖에 안 하더라."

참외값이 비싼 철이라 대형할인마트와 비교해보면 훨씬 싼 가격이었다.

"싸네."

나는 혹시나 맛있으면 두 바구니 정도 사려는 생각으로 1만 원을 들고 나섰다.

트럭에는 한 바구니에 5000원씩이라고 커다랗게 쓰여 있었고 참외 장수는 계속 확성기에 대고 참외 가격을 외치고 있었다.

"맛있고 달콤한 성주 꿀참외가 한 바구니에 5000원!"

트럭 안에는 조그마한 것이 담긴 바구니도 있었고 큰 것이 담긴 것도 있었다. 크고 맛있어 보이는 바구니를 가리키며 아저씨에게 가서 물었다.

"저것이 한 바구니에 5000원인가요?"

아저씨는 조그마한 것이 담긴 바구니를 가리키며 말했다.

"저것이 5000원이고요. 큰 것은 1만 원입니다."

1만 원짜리 바구니를 보니 먹음직스럽게 큼직한 참외가 담겨 있었다. 1만 원짜리를 보니까 5000원짜리는 사고 싶은 마음이 없어졌다. 처음부터 1만 원인 줄 알았다면 오지도 않았을 텐데 5000원짜리 미끼에 홀려 오게 되었고 참외장수가 의도한 대로 결국 1만 원짜리를 사고 말았다.

가격은 어떻게 보면 원가하고는 전혀 무관하게 심리적인 요인에 따라 결정될 수 있다. 제품별로 가격을 다르게 정하는 것은 일부 손님들이 다른 고객들보다 기꺼이 더 많은 돈을 지불할 용의가 있기 때문이다. 그냥 생각하면 누구나 싼 것을 찾을 것 같지만 어떤 전략을 쓰느냐에 따라 동일한 물건이라도 서로 다른 가격에 서로 다른 손님에게 판매할 수 있다.

아이들 놀이방에 가면 이런 전략을 쉽게 볼 수 있다. 1회 이용권은 1시간에 5000원인데 10회 이용권을 미리 구매하면 4만 원이다. 가격에 민감한 손님들은 1회당 가격이 싼 10회 이용권을 구매하지만 가격에 민감하지 않은 손님들은 10회를 이용할지 안 할지 모르기 때문에 그냥 5000원을 주고 1회 이용권을 구입한다. 이것은 할인을 받기 위해서 손님들이 넘어야 할 장애물이 된다. 이런 가격 차별화 전략은 할인을 받으려는 손님과 정상가격을 다 내려는 손님들을 자연스럽게 구분해주고 각자에게 맞는 가격을 선택하게 만든다.

　보통 가게가 가격관리에 실패하는 것은 아무런 서비스의 변화 없이 가격을 올리기 때문이다. 즉 가격을 올리기 전에는 무언가를 해야 한다. 가격의 순우리말은 '값'이다. 값어치란 곧 가치를 말한다. 그러므로 가격을 올린다는 말은 손님들이 느끼는 가치를 올려야 한다는 말이기도 하다.

제6장

장사의 끝내기는 세금을 낸 후 손에 잡히는 돈이다

부가가치세와 소득세

작은 가게는
세무조사를 하지 않는다?

옛날에는 작은 가게들까지는 세무조사를 잘 하지 않았다. 해봤자 추징세액이 조사관들 인건비도 안 나올 정도로 적기 때문이다. 그러나 요즘은 전산망의 발달로 세무조사의 경계가 무너지고 있다. 이제는 조사관의 인건비를 들이지 않아도 전산망을 이용하면 간단히 세무조사를 할 수 있다.

얼마 전 빵집 프랜차이즈 가맹점주들에게 국세청에서 안내문을 보낸 적이 있다. 국세청은 경기가 안 좋고 그래서 세수가 부족하면 그동안 세금을 탈세해온 것으로 추정되는 회사들 위주로 조사하는데 그것이 자영업자에까지 영향을 미친 것이다. 국세청은 전산망을 이용해서 안내문을 보냈다. 3개월간의 원재료 매입액이 1억 원인데 매출액으로 신고한 금액은 1억 2000만 원밖에 되지 않는다는 내용이었다.

이 업체의 부가가치는 매출에서 매입을 차감한 2000만 원이고 부가가치세는 부가가치의 10퍼센트인 200만 원이었다. 이렇게 신고하다 보니 세무서에서 매출금액을 누락해서 신고하는 것 같다고 여긴다.

세무서는 부가율을 가지고 매출을 추정한다. 프랜차이즈 업체가 전국에 몇천 개가 있으니 각 프랜차이즈 업체들이 원재료 대비 매출액을 얼마나 신고하는지 자료를 검토해 평균을 내보는 것이다. 원재료 매입액이 1억 원일 때 매출액을 1억 3000만 원으로 신고한 회사가 있다면 이 회사는 3000만 원의 부가가치를 창출한 것이다. 그런데 어떤 빵집에서 매입액이 1억 원인데 매출을 1억 2000만 원으로 신고했다고 치자. 세무서는 이를 보고 매출누락을 한 것으로 추측한다. 매출누락을 추정하는 가장 보편적인 방법이 이렇게 다른 회사와 비교하는 방식이다. 업종이 동일하고 돈 버는 프로세스가 비슷하다면 매입한 원재료에 대비해서 매출액이 비슷해야 하는데 동일한 원재료를 매입하고도 매출이 적다면 매출누락의 가능성이 있다는 것이다. 가격을 덤핑했다거나, 폐기처분

되는 원재료가 많았다는 등의 특별한 사유가 있으면 해명이 되겠지만, 그렇지 않으면 세무서는 해당 가게를 매출누락으로 평가해 가게에 세금추징이 된다.

그래서 자영업자들은 세금을 계산할 때 남들은 어떻게 내는지를 보면서 평균을 맞춘다. 위험을 줄이려는 것이다. 그러나 남들과 맞춰서 신고를 한다고 문제가 해결되는 것은 아니다. 매입액과 매출액을 따져보면 상식적으로 이해가 가지 않는 수치가 나올 때도 있기 때문이다. 즉 3개월간 원재료를 1억 원어치 매입하여 1억 2000만 원에 팔았다면 2000만 원을 번 것인데 여기에서 아르바이트 인건비와 임차료, 공과금 등을 납부하고 나면 이 가게는 절대 운영될 수 없는 수익구조일 것이다. 보통 장사하는 사람들이라면 매출액에서 원재료 비중이 몇 퍼센트인지 알고 있을 것이고 이 숫자가 얼마나 터무니없는 숫자인지 한눈에 알아볼 수 있다.

세무서에 신고한 내용이 정말 사실이라면 이 가게는 당장 망하고 말 것이다. 하지만 장사를 접지 않고 계속해서 이렇게 신고하는 가게가 있다면 틀림없이 실제 버는 것보다는 적게 신고하고 있다는 것이다.

사실 부가가치세는 많이 내는 것이 좋다. 내가 내는 돈도 아닐

뿐더러 부가가치세가 많다는 것은 그만큼 가게가 부가가치를 많이 창출했다는 것을 뜻하기 때문이다.

세금을 어렵다고들 하지만, 사실을 제대로 파악한다면 그렇게 어려운 것만도 아니다. 실제 번 만큼 내면 되는 것인데 번 것에 비해 세금이 항상 많다고 생각하는 것이 문제다. 세금을 처음부터 내 돈이 아니라고 생각하면 그다지 신경이 쓸 것도 없다. 하지만 세금을 내 돈인데 괜히 내야 하는 것이라고 생각하는 순간 매출누락을 하고 싶은 충동이 생긴다.

세금신고 할 때가 되면 거래처 사장님들은 회계사를 찾는다. 그들은 생각했던 것보다 세금이 많다며 항상 투덜거린다.
"번 것도 없는데 맨날 세금만 내니 살 수가 없어요."
장사를 하는 사람이라면 공감할 것이다. 하지만 세금의 원리를 생각해보면 전혀 맞지 않는 말이다. 세금이란 것은 번 것, 즉 소득을 기준으로 일정 세율만큼을 내는 것이니까 결손이 나서 소득이 없다면 세금은 마이너스(-)가 된다. 그러므로 이런 경우에는 세금을 내지 않아도 된다. 보통 번 것도 없는데 세금만 낸다는 생각을 하게 되는 이유는 장사하는 사람들이 가장 취약한 부가가치세 때문일 것이다. 부가가치세는 부가가치에 대해서 세금을 내는 것이고, 소득세는 소득에 대해서 세금을 내는 것이다. 여기에서 소득세와 부가가치세에 대한 좀 더 본질적인 이해가 필요하다.

부가가치세와 소득세

세금을 낸 후의
통장 잔고가 진짜 장사다

부가가치세는 세금계산서에서 확인되는 이익에 대한 세금이다. 즉 매출에서 매입을 차감한 부가가치에 대해 10퍼센트를 내야 한다. 부가가치세는 번 것이 없어도 내야 하는데 이것은 내가 부담하는 세금이 아니라 소비자가 부담하는 세금이기 때문이다. 즉 부가가치세가 부담이 된다고 하는 사장님들은 부가가치세를 줄이려고 할 것이 아니라 어떻게 하면 손님에게 부가가치세를 받을 것인가에 대해 연구해야 한다. 손님들에게 지정된 가격 외에도 부가가치세라는 세금이 존재하고 이를 내는 것에 대해 거부감을 갖지 않도록 할 수 있는 방법 말이다. 그래서 부가가치세를 감안하여 가격을 책정하려고 노력해야 한다. 부가가치세 별도라는 개념은 우리가 판매를 하거나 매입을 할 때 금액을 정하는 중요한 개념이다.

실제 장사하는 분들이 부담을 느끼는 것이 소득세보다 부가가치세다. 부가가치세는 세금계산서 등의 매입자료가 있어야만 줄어들 수 있는데 세금계산서나 신용카드 등은 마음대로 끊을 수 있는 것이라서 줄이기가 어렵다. 일반 회사에서 10퍼센트의 마진은 굉장히 큰 마진이다. 도소매업이나 제조업의 마진율이 5퍼센트 내외인 점을 감안한다면 부가가치세를 내가 내느냐, 손님한테 받아서 내느냐에 따라 10퍼센트가 늘 수도 있고 줄어들 수도 있다.

우리 회사도 서비스업종이고 매입자가 없어 거의 매출액의 10퍼센트를 부가가치세로 내야 한다. 그러나 나는 부가가치세에 관한 부담을 전혀 느끼지 못하는데 그것은 부가가치세를 고객에게 받아서 내기 때문이다. 나는 고객과 계약을 할 때 부가가치세 별도라는 것을 꼭 잊지 않고 주지시킨다. 계약서에도 부가가치세 별도라는 사항은 반드시 넣도록 한다. 또 부가가치세는 내가 갖는 것이 아니라 국가에 내는 것이고 고객은 부가가치세를 나중에 공제받기 때문에 실제로 고객이 부담을 느끼지 않아도 된다는 것을 꼭 설명한다.

외국과 달리 우리나라 사람들은 대체로 부가가치세를 가격의 일종으로 보는 경향이 있다. 사실 부가가치세는 국가에 내는 세금이다. 항상 가격을 책정할 때는 부가가치세 별도라는 개념으로 접근해야 부가가치세로부터 해방될 수 있다.

부가가치세와 소득세

재산이 많아도 세금은 적다?

거액 재산을 갖고 있어도 세금을 체납하거나 파렴치한 범죄를 저지르고도 선거후보 등록을 하는 정치인이 많다. 언젠가 보니 총선 등록 후보자 가운데 지난 5년간 세금을 체납한 적이 있는 후보가 10퍼센트나 되었다고 한다. 심지어 후보 등록일까지도 세금을 내지 않은 사람도 있었다. 일반 사람들이 세금을 체납하면 곧바로 압류나 공매절차가 개시된다. 하지만 많은 국회의원 후보들은 거금의 재산을 가족의 명의로 등록해 체납을 피하곤 한다.

여기에서 양심의 문제가 거론된다. 가족의 재산은 내 재산이 아니란 말인가? 분명 가족 명의로 되어 있는 재산도 본인들의 소득을 통해서 들어간 재산일 것이다. 그렇다면 아무리 가족 명의라도 세금을 체납하는 것은 국회의원 후보로서의 자질을 의심할 수밖에 없다.

그러나 재산이 많은데 왜 세금을 적게 내느냐고 따지기가 논리적으로 어려울 수는 있다. 세금은 재산에 대한 것이 아니라 소득에 대한 것이기 때문이다. 물론 재산세나 종합부동산세처럼 재산에 내는 세금도 있지만, 금액이 미미할뿐더러 주식이나 금융재산의 형태로 갖고 있다면 재산이 아무리 많아도 세금은 거의 없을 수 있다. 오히려 재산은 별로 없더라도 소득이 있다면 세금이 나온다. 10억 원의 주식을 갖고 있는 사람이 2000만 원 봉급생활자보다 세금을 적게 낼 수도 있다. 따라서 재산이 많으면 세금을 많이 낸다는 생각은 모순이다. 재산보다는 소득이 많아야 세금을 많이 낸다.

문제의 핵심은 재산이 여유롭게 있는데 내야 할 세금을 안 내고 있는지, 또는 제대로 세금을 내면서 거액의 재산을 형성했는지다. 재산을 형성했다면 상속 및 증여를 받았거나 아니면 소득이 있어서 모아진 것이다. 이때 소득이 발생했다면 이것에 대한 세금이 정당하게 납부되었어야 한다.

그러나 많은 국회의원들이 재산의 가격이 올랐다는 핑계를 댄다. 주식을 1억 원에 샀는데 10억 원으로 올랐거나 부동산가격이 올랐다면 그 자체로는 세금을 낼 필요가 없기 때문이다. 아직 재산을 팔기 전이기 때문에 소득은 따로 발생하지 않았고 그래서 세금을 내지 않았다고들 말한다. 정치인이나 고위 공무원이 되기 위한 재테크 시험이라도 있는 건지 하나같이 그들은 재테크로 돈을 많이 번다.

왜 세금을 내지 않았는지는 국회의원 후보들 본인이 더 잘 알겠지만, 세금을 많이 내는 것이 애국자고 사회적 책임을 다하는 것이라는 인식이 더 널리 퍼져야 한다는 생각이다.

절세원리와 세금관리

세금을 줄이기 위해 이혼하는 커플들

가족회사의 가장 대표적인 형태는 아버지가 세운 회사에 자녀들이 취직해서 일하는 형식으로 기업을 운영하는 것이다. 이것은 가업승계의 목적이 강하다. 한편 부부가 공동사업을 하는 경우도 있는데 이것은 대부분 소득을 분산하기 위한 목적이 강하다.

고경업 원장님은 서울에 있는 본사의 지점 형태로 2년 정도 학원을 운영하고 있었는데, 이번에 별도 회사로 독립을 할 예정이었고 그 김에 학원을 확장하려고 계획하고 있었다. 이미 다른 회계사들하고 상담을 많이 해본 후에도 어려움이 있자 나에게 연락이 왔다.

"새로운 학원을 설립하려는데 다른 회계사들은 아내의 이름으로 하라고도 하고, 여러 명의 이름으로 사업자등록을 하라고도 합니다. 어떤 회계사는 아는 사람을 대표자로 세우고 저를 강사로 등록하여 인건비를 받는 것이 좋겠다고 말하기도 하는데 무슨 말인지 잘 모르겠습니다. 왜 그렇게 해야 하는지 상담을 해주실 수 있는지요?"

나는 그의 얘기를 들으며 다른 회계사들이 너무 절세 전략에만 치중했다는 것을 알게 되었다. 회계사인 나로서는 왜 여러 명의 사업자로 등록을 하는 것이 유리한지 쉽게 이해가 갔지만, 세금에 대해 전혀 알지 못하는 원장님으로서는 이런 절차가 복잡하고 혹시나 문제는 없는지 오히려 의문이 들었던 것이다.

"다른 사람 이름으로 하면 문제가 생길 것 같은데 회계사들이 왜 그렇게 하라고 하는지 모르겠네요."

나는 고경업 원장님의 이야기를 들으며 그의 성향을 파악했다. 그에게는 절세 전략이 그렇게 중요하지 않았다. 오히려 리스크 관리가 훨씬 주요한 관심사항이었다.

"소득이란 것은 나눌수록 세금이 줄어듭니다. 원장님 혼자 1억 원을 버는 것과 사모님하고 5000만 원씩 나눠 갖는 것 중에서 비교하면 후자의 세금이 훨씬 적습니다. 소득이 많은 사람은 세율이 올라가고 소득이 적으면 세금이 줄어들기 때문에 여러 사람 이름으로 회사를 세우는 것이죠."

"아내 명의로 학원을 운영해도 아무런 문제가 없나요?"

고경업 원장님은 세금이 줄어드는 것보다 나중에 문제가 생기지 않을까 하는 걱정이 더 컸다.

"사모님이 학원에 나와서 일을 하면 문제될 것이 없죠. 그런데 일도 하지 않는데 대표로 되어 있으면서 소득을 가져간다면 이것은 원장님이 사모님께 돈을 준 것이나 다름없어요. 이것은 증여이기 때문에 증여세가 나옵니다."

고경업 원장님은 내 말을 빨리 이해했고 본인 명의와 아내 명의로 회사를 각각 운영하되 아내가 학원에 나와서 일을 하도록 하면 세무 리스크도 줄어든다는 것을 알게 되었다. 하지만 동시에 단점도 있다. 공동사업은 세금을 줄여주기는 하지만 연대책임이라는 위험도 함께 갖고 있다.

보증 한 번 잘못 섰다가 패가망신하는 경우가 종종 있다. 그래서 보증을 부탁받았을 때 거절하기 위한 자기만의 비법들도 하나씩 가지고 있다고들 한다. 그런데 대출뿐 아니라 세금에도 연대보증이 있다는 사실을 아는 사람은 드물다.

공동사업, 즉 동업을 하는 경우 부가가치세나 회사에 관련된 세금은 공동사업자가 연대해서 납부해야 한다. 세금액이 많고 적은 것이 문제가 아니다. 내가 몰랐던 세금을 갑자기 내는 것이 위험한 것이다. 세금에서 절세와 리스크는 양날의 칼과도 같다. 절세를 하고자 할수록 리스크는 커지고 리스크를 줄이려면 세금이 늘어난다.

이렇게 소득을 분산하면 세금이 줄어든다는 원리를 이용하려는 사람이 많기 때문에 국세청은 소득이 분산되는 것을 관심 있게 본다. 국세청은 특히 가족 간의 거래에 대해서는 소득 분산이 정상적인 거래인지 체크한다. 분산을 했다면 증여가 있었을 것이니 세금 중에 가장 높은 세금을 자랑하는 증여세를 부과할 가능성이 높아진다.

일반적으로 소득 분산은 전혀 모르는 사람에게 하는 것이 아니라 가족이나 다른 친인척과 하는 경우가 보통이다. 세금을 줄이려고 소득을 분산했다가 나중에 상대방이 자신의 재산이라고 우겨버리면 곤란하기 때문에 믿을 수 있는 사람에게 분산해야 한다. 그래서 가족까지도 때로는 냉정하게 봐야 한다. 분산 전에 다시 한 번 생각해보자. '과연 믿을 수 있는가?'

언젠가 부동산세가 강화되자 세금을 줄이기 위해 위장이혼을 하는 부부가 급증했던 적이 있다. 실제 집이 두 채인 부부가 종합부동산세를 피하거나 1세대 1주택 비과세 혜택을 받기 위해 한 채씩 집을 갖는 것처럼 위장이혼을 하는 것이다.

　보통은 세금 줄이자고 이혼까지 하는 부부들이 정신 나갔다고 생각할 것이다. 그러나 세금을 몇천만 원 줄일 수 있는데 왜 바보처럼 수천만 원의 세금을 내느냐는 타박을 들으면 정상적인 부부도 용기(?)를 내어 이혼 신청을 하게 되는 게 당시로서는 자연스러웠다. 그래서 법원의 대기실에 가보면 이혼 신청을 하러 온 부부들인데도 쇼핑을 하러온 사람들처럼 너무 다정한 모습으로 있는 웃지 못할 진풍경이 자주 있었다고 한다. 하지만 세무서 조사관이 사기 이혼을 하는 게 아닌지 감시하고 있을지도 모르니 조심할 일이다.

절세원리와 세금관리

세금을 제대로 내는 것이 절세다

사람들이 많이 알고 있는 소득세를 줄이는 방법 중 하나가 차량유지비다. 특히 많은 사장들이 차량을 구입하는 것보다 리스하는 것이 세금을 줄여주는 것으로 알고 있다. 이것은 사실이기도 하지만 구체적인 내용을 더 파악할 필요가 있다.

병원을 운영하는 허민구 원장님이 나에게 이렇게 물은 적이 있다.

"이번에 차를 하나 바꾸려고 하는데요. 구입하는 것이 좋은지, 아니면 리스를 하는 것이 좋은지 모르겠어요. 리스가 세금을 많이 줄여준다고 듣기는 했는데…….”

그는 리스 회사로부터 제안을 받고 고민인 것 같았다.

"세금만 보아서는 안 됩니다. 세금이란 것은 비용이 많으면 적어지기 때문이죠. 원장님이 리스료를 많이 내시면 리스 쪽이 세금이 적겠지요. 하지만 그것은 차량 구입보다 리스료가 더 많은 비용이 나가기 때문입니다."

즉 리스가 차량을 구입하는 것보다 비용이 많이 지출되므로 세금절감 효과가 큰 것이다. 그러므로 리스가 주는 세금절감 효과를 위해 차를 사지 않고 리스를 하라는 것은 정말 우스꽝스러운 제안이 아닐 수 없다. 이것은 세금이 무서워서 돈을 벌지 않겠다는 것과 마찬가지다. 물론 세금으로 낼 바에는 돈을 많이 지출해서라도 좋은 차를 타겠다면 말릴 수는 없지만 세금만 보고 차를 리스하는 것은 앞뒤가 안 맞는 것이다. 세금이란 항상 내가 벌어들인 소득의 일부를 내는 것이다. 그러니 세금을 많이 내는 것은 사실 많이 벌었다는 것을 의미한다.

장사하는 사람들이 번 것에 비해 세금을 많이 낸다고 생각하는 것은 영원히 풀기 힘든 숙제와 같다. 나는 회사를 운영하는 사람이지만 세금을 많이 내면서도 부담을 느끼지 않는다. 그 이유를 생각해보면 세금을 효과적으로 줄여서가 아니라 효과적으로 관리해서인 것 같다. 부가가치세는 손님한테 받아서 내고, 소득세는 내 소득을 제대로 계산해서 미리 떼어둔다. 소득의 일부는 내 돈이 아니라 국가의 돈이므로 미리 세금통장에 넣어두는 습관을 들였다. 이런 방법만으로도 세금부담은 훨씬 줄어든다.

 사장님들이 가장 억울해하는 것이 적자인데도 소득세를 내는 경우다. 손실이 나도 부가가치세는 내야 한다고 말했지만, 소득세는 적자가 나면 세금을 내지 않는 것이 원칙이다. 그러나 회계사 수수료를 아끼려고 하다가 알지 못하는 세금이 나오는 경우가 종종 발생한다.

 모임에서 알게 된 김은철 씨는 그림 그리는 것을 좋아해서 대학교수가 운영하는 디자인 연구소의 창립멤버로 들어갔다. 대학교수는 대학교 강의를 하면서 회사를 동시에 운영하고 있었는데 말이 창업이지, 사실 직원 한 명에게 모든 것을 맡겨두고 본인은 대학교에 주로 있는 상황이었다. 대학교수인 사장님은 실질적인 디자인뿐 아니라 경리와 관리 업무까지 모두 맡겨버렸다. 그러나 김은철 씨는 자기 혼자서 모든 일을 할 수 없었기에 자기의 본업 외에는 신경을 별로 쓰지 않았다. 또 사업 초기라서 매출도 얼마 안 되었고 그래서 회계사인 나에게도 회사 이야기를 잘 꺼내지 않았다. 하지만 내심 내 직업이 회계사인데 자기 회사의 일을 의뢰하지 못한 것이 못내 미안했던 모양이다. 2년쯤 지나서 세무신고 기간이 되자 김은철 씨의 파트너인 대학교수님이 서류를 들고 나를 찾아왔다.

"우리 직원이 소개해줘서 왔습니다. 회사가 매출이 늘지도 않고 2년 정도 계속 적자인데 세금을 내고 있더라고요."

사장이었던 교수님은 김은철 씨를 약간 의심하고 있는 듯했다. 세금이란 것은 번 것이 있어야 낸다고 알고 있는데 이 회사는 번 것도 없이 계속해서 세금만 내고 있으니 이해가 되지 않았던 것이다.

"그동안 신고는 어떻게 하셨나요?"

"매출이 얼마 없으니 회계사에게 따로 맡기기도 그렇고 해서 세무서에 가서 직접 했거든요. 처음에는 몇 푼 안 되니 별 생각 없이 세금을 냈는데 올해 보니까 세금이 100만 원 넘게 나오더라고요. 아니 왜 적자인데 세금을 내는지 모르겠어요."

신고서를 보니 사업규모가 작아 지금까지 장부를 별도로 만들지 않고 간단하게 약식으로 소득세를 신고해온 걸 알 수 있었다.

소득세는 자기가 실제로 번 만큼의 소득에 대해 내는 세금이다. 따라서 이익이 났으면 그에 대한 세금을 내야 하고, 손해를 봤다면 원칙적으로 낼 세금이 없다. 그렇다고 회사의 말만 듣고 손해가 난 사실을 믿을 수는 없다. 세금은 장부와 증빙에 의해 어떤 사실이 객관적으로 입증돼야만 적자가 난 사실을 인정받을 수 있다. 장부와 관련된 증빙자료에 의해 그 사실이 확인되어야 한다.

그런데 세금에 대해서 잘 모른다는 이유로, 또 일하느라 시간이 없다는 이유로 장부정리를 하지 않으면 세무서에서도 그 내용을 알 길이 없다. 따라서 약식으로 신고하게 되는데 이것을 추계신고라고 한다. 즉 추계신고란, 장부정리를 하지 않으면 정확한 비용을 알 수 없기 때문에 매출의 일정 비율을 비용으로 추정해서 계산하는 방식이다.

보통 국세청은 업종별로 매출의 경비율을 '매출액의 70퍼센트'라는 식으로 고시한다. 경비율은 업종별로 다른데 아무리 많아도 매출액보다 많지는 않아 100퍼센트를 넘지는 않는다. 즉 경비율은 100퍼센트보다는 적으므로 매출이 100이라면 아무리 실제 비용이 더 많이 지출되었다고 하더라도 경비율로 계산한 비용은 100보다 적게 되고 반드시 이익이 발생하게 된다. 실제 손실이 났더라도 장부를 정리하지 않고 국세청에서 정한 경비율로 신고하면 무조건 세금이 나오는 것이다.

따라서 적자가 나서 세금을 안 내려면 장부정리는 필수고 장부정리를 위해서는 증빙이 있어야 한다. 증빙이 얼마나 완벽한 가에 따라 세금이 결정되므로 쓸모 있는 증빙인지 아닌지를 판단하지 말고 일단 챙기고 봐야 한다. 그래야 세무전문가가 증빙으로 신고할 것인지, 아니면 법에서 정한 경비율로 계산할 것인지를 선택할 수 있다. 한편 사람들은 증빙의 종류를 단지 세금계산서나 카드전표 정도로 생각하는데 계약서나 약정서, 통장입출금 내역 등이 모두 증빙이 되므로 이런 자료는 함부로 버리지 말아야 한다. 또 돈을 주고받을 때는 꼭 증빙을 남기며 거래해야 한다. 가령 현금으로 주는 것보다 통장으로 계좌이체를 시켜주는 것이 증빙을 남기는 좋은 방법이다.

장사로 크게 돈을 번 것 같은데도 한 번씩 터지는 세금을 내고 나면 휘청거리는 가게들이 있다. 대부분은 세금을 줄이려다가 세무조사를 받고 원래 세금보다도 더 큰 가산세를 두들겨 맞는 경우다. 평소에 냈다면 부담이 적었을 텐데 몇년 치를 한꺼번에 내려니 엄청난 부담이 되는 것이다. 심지어 이로 인해 문을 닫는 경우도 있다.

내가 생각하는 가장 좋은 절세는 정당하게 내야 하는 세금은 내고 가산세처럼 불필요한 세금은 안 내는 것이다. 그러기 위해서는 항상 장사의 끝을 세금을 낸 후의 통장 잔고로 평가하는

습관이 필요하다. 세금을 내기 전의 통장 잔고를 기준으로 지출을 해버리면 세금을 내야 할 때 돈이 없어 탈세의 유혹에서 벗어나기 힘들기 때문이다.

에필로그

월 순이익 500만 원이 안 되면 장사하지 마라

　부부가 함께 편의점을 운영하는 박은영 사장님은 장사를 한 뒤로 가족들과 대화가 없어졌다고 했다. 이 부부는 심야에는 아르바이트를 쓰고 나머지 오전과 오후를 나누어 일하고 있었다. 그런데 보통 이런 경우 부인이 오전에, 남편이 저녁에 장사를 하는데 이 부부는 반대였다. 남편이 오전에, 부인이 저녁에 일을 하고 부인이 밤늦게 퇴근을 했다. 박은영 사장님은 남편이 하나밖에 없는 아들과 지내고 싶어서 그렇게 하기로 했다고 말했다. 그녀의 남편은 다른 사람들과는 전혀 만나지 않는 은둔형이었고 어렵게 얻은 아들만큼은 끔찍하게 아끼고 정성을 쏟았다. 아무래도 아침보다는 저녁에 집에 있어야 아들과 지낼 수 있는 시간이 길어지기 때문에 남편이 오전에 가게에 나오는 것을 원했던 것이다.

박은영 사장님도 처음에는 남편과 아들이 많은 시간을 보내게 하는 것이 좋은 것 같아 자신도 흔쾌히 그렇게 정했는데 아들이 커가면서 조금씩 걱정이 되기 시작했다. 자신이 퇴근하면 남편과 아들은 먼저 잠들어 있었다. 아무도 그녀를 기다려주지 않는 것이다. 또 항상 둘이서만 대화해서인지 자신이 의견을 내면 남편과 아들은 한통속이 되어 자신을 무시하는 것 같다고 했다. 언젠가부터 집에서 소외되고 있다는 느낌을 받기 시작했다.

박은영 사장님은 장사를 시작한 지 10년이 넘었지만 할 수만 있다면 다시 직장에 다니고 싶다고 했다. 당시에 직장을 그만두지 않았다면 가족들과 저녁 시간을 보낼 수도 있을 것이고 지금 한 달에 최소한 300만 원은 벌지 않겠느냐는 것이다. 장사를 해서 한 달에 500만 원을 벌어도 직장생활 300만 원보다 삶의 질이 나쁘다고 한탄했다. 그녀는 누가 주위에서 장사를 시작한다고 하면 월 순이익 500만 원을 벌지 못할 거면 장사하지 말라고 조언했다.

오랫동안 장사를 한 사람이라도 실제 장사로 많은 돈을 모은 사람은 그다지 많지 않다. 손님이 많고 주변에서 장사가 잘된다고 소문이 난 가게의 사장들도 실제 통장을 들춰보면 텅 빈 경우가 허다하다. 사장들은 다른 사람한테는 말을 못하지만 가게의 속사정을 훤히 보고 있는 회계사한테는 솔직한 심정을 말할 수밖에 없다.

그들은 대개 많이 번다고 생각하는데 실제로 다 빚이라거나 이상하게 돈이 어디로 갔는지 모르겠다고 말한다. 그리고 통장에 잔고가 없으면 매출이 적은 탓으로 생각해 손님이 줄어든 것에서만 이유를 찾으려고 한다.

우리나라 자영업자 600만 명 중 90퍼센트가 직원이 4명도 안 되는 영세 자영업자다. 그러다 보니 직원들은 모두 멀티플레이어가 되어 생산과 구매, 영업까지 모두 해야 하는 상황이다. 그런 자영업자에게 돈까지 제대로 관리한다는 것은 꿈만 같은 일이다. 물건을 많이 팔려는 노력만 할 뿐 팔아서 어떻게 이익을 남기고 빚을 갚고 이익을 재투자할지에 대한 고민을 할 여유가 없다. 또 근처에 경쟁 가게가 한두 개만 생겨도 매출이 급락하고 장사를 접어야 하는 가게가 부지기수다.

그래서 자영업자들이 하나같이 이야기하는 것이 자신의 업종에서 돈을 크게 벌어 나가는 사람을 거의 보지 못했다는 것이다. 손님들도 있고 매출도 적지는 않은데 돈을 모아서 나가는 사람이 없다는 것은 물건을 팔 줄만 알았지 돈을 버는 방법은 모른다는 것을 의미한다.

이 책을 쓴 가장 큰 바람은 사람들이 망하지 않는 장사를 했으면 하는 것이다. 큰 장사를 하든 1인 기업가로서 작은 장사를 하든, 이익을 내고 망하지 않는 장사를 해야 한다.

내가 생각하는 자영업은 망하지 않고 평생 직장처럼 일할 수 있는 가게다. 그리고 노후가 되면 직장인들이 퇴직금을 받듯이 자영업자에게도 노후를 보낼 수 있을 정도의 돈이 통장에 남아 있어야 한다. 무엇보다 이런 가게를 꿈꾼다면 줄 서는 가게가 어떻게 돈을 버는지 비결을 배우고 따라 해야 한다. 그러기 위해서는 손님을 줄 세우는 것과 돈을 버는 방법을 함께 배워야 한다. 매출은 손님이 가져오지만 이익은 회계가 가져오기 때문이다.

손님이 줄 서는 가게 사장들의 돈 버는 비밀

장사를 했으면 이익을 내라

초판 1쇄 발행 2014년 10월 31일
초판 10쇄 발행 2021년 11월 11일

지은이 손봉석
펴낸이 김선식

경영총괄 김은영
콘텐츠사업1팀장 임보윤 **콘텐츠사업1팀** 윤유정, 한다혜, 성기병, 문주연
마케팅본부장 이주화 **마케팅2팀** 권장규, 이고은, 김지우
미디어홍보본부장 정명찬
홍보팀 안지혜, 김재선, 이소영, 김은지, 박재연, 오수미, 이예주
뉴미디어팀 허지호, 임유나, 배한진 **리드카펫팀** 김선욱, 염아라, 김혜원, 이수인, 석찬미, 백지은
저작권팀 한승빈, 김재원 **편집관리팀** 조세현, 백설희
경영관리본부 하미선, 박상민, 김민아, 윤이경, 이소희, 이우철, 김재경, 최완규, 이지우, 김혜진
외부스태프 표지디자인 엔드디자인 본문디자인 김성엽

펴낸곳 다산북스 **출판등록** 2005년 12월 23일 제313-2005-00277호
주소 경기도 파주시 회동길 490
전화 02-702-1724 **팩스** 02-703-2219 **이메일** dasanbooks@dasanbooks.com
홈페이지 www.dasan.group **블로그** blog.naver.com/dasan_books
종이 (주)한솔피앤에스 **출력** 민언프린텍 **후가공** 평창P&G **제본** 정문바인텍

ⓒ 2014, 손봉석

ISBN 979-11-306-0415-2 (13320)

· 책값은 뒤표지에 있습니다.
· 파본은 구입하신 서점에서 교환해드립니다.
· 이 책은 저작권법에 의하여 보호를 받는 저작물이므로 무단 전재와 복제를 금합니다.

> 다산북스(DASANBOOKS)는 독자 여러분의 책에 관한 아이디어와 원고 투고를 기쁜 마음으로 기다리고 있습니다.
> 책 출간을 원하는 아이디어가 있으신 분은 다산북스 홈페이지 '투고원고'란으로 간단한 개요와 취지, 연락처 등을 보내주세요.
> 머뭇거리지 말고 문을 두드리세요.